AF219837

Heiko Rieger

BEEINDRUCKEND.
Aus der Toolbox eines Mentalisten

Frauen verführen. Freunde beeindrucken.

Copyright © 2020 by Heiko Rieger
Umschlaggestaltung: GreatLife.Books, Weinheim Lektorat: Jörg Querner, Anti-Fehlerteufel Bildquellen: © /123RF.COM, © Eike Rappmund

Herstellung und Verlag: BoD – Books on Demand, Norderstedt, Germany

ISBN: 978-3-7519-3904-1

Dieses Werk widme ich meiner großen Liebe Elena.

Danksagung:

Hiermit danke ich Eike Rappmund und dem ganzen Team von GreatLife.Books für ihren starken Support, Dennis Hamann (Radiomoderator) welcher maßgeblich an der Entstehung beteiligt war, und Tilo Kirchner für seine tolle Unterstützung am Anfang meines Projektes der Mentalmagie.

Ohne Eure Hilfe wäre wohl so einiges im Strudel der Zeit untergegangen oder hätte einen ganz anderen Weg genommen. Dank Euch konnte dieses Buch entstehen. Vielen Dank!

Beeindruckend.

Was Dich erwartet

Körpersprache 37

Beeindruckend.

Beeindruckend.

Beeindruckend.

Einleitung

Professionelle Täuschungen und ihre Folgen

Kurz gesagt ...

Stell Dir einmal vor, Du würdest mitten auf der Straße plötzlich von einem wildfremden Mann angesprochen. Aber nicht nur das, auf einmal bittet er Dich, Deinen Namen für einen Moment zu vergessen. Einfach vergessen. Einfach so. Bevor Du ihm noch einen Vogel zeigen kannst, bemerkst Du, dass es tatsächlich nicht mehr geht. Auf die Nachfrage, wie Du denn heißt, bringst Du ihn einfach nicht mehr über die Lippen. Deinen Namen. Er liegt Dir zwar auf der Zunge, aber irgendwie will es nicht gelingen, ihn auszusprechen. Und schlimmer noch: Je mehr Du es versuchst, desto weniger scheint es zu funktionieren! Eine unfassbare Situation! Kalt läuft einem da der Schauer über den Rücken, nicht wahr? Sicher hast Du diesen Effekt schon irgendwo einmal auf der Bühne oder im Fernsehen gesehen. Doch was ist damit ...?

Nehmen wir an, man würde Dir ein verschlossenes Couvert reichen. Deine Aufgabe sei nun, nicht etwas zu vergessen, sondern dieses Mal an etwas Bestimmtes zu denken. An ein bestimmtes Datum mit einem dazugehörigen Namen oder dem dazugehörenden Ereignis zum Beispiel. Deine Lippen dürfen sich dabei nicht bewegen. Ausschließlich auf diese eine Aufgabe gilt es, sich zu konzentrieren. Nun ist es so weit. Du darfst den Umschlag öffnen. Dir stockt der Atem. Auf einem zusammengefalteten Stück Papier steht Dein nie ausgesprochener Gedanke. Und? Hast Du das auch schon mal auf einer Bühne gesehen? Kannst Du Dir vorstellen, wie Du Dich wohl dabei fühlen würdest? Würdest du da nicht so langsam an übersinnliche Kräfte beginnen zu glauben?

Ein letztes Beispiel. Magische Momente haben ja nicht nur auf der Bühne ihren Platz. Nehmen wir an, Du möchtest Deine Traumfrau von Dir überzeugen. Dummerweise würde Deine Herzdame Dich aber unter normalen Umständen wohl leider keines Blickes würdigen! Nun, was ist zu tun? Zum Glück gibt es auch für derlei Situationen teuflische, beinahe schon strafbare Tricks, um sein Ziel zu erreichen. Methoden, die auf Basis von Hypnose, raffinierten Sprachmustern, die direkt ins Unbewusste dringen, und visuellen Reizen perfekt Menschen beeinflussen. Jeden. Du würdest überrascht sein, wie manipulierbar wir alle doch sind.

Lieber Leser. In diesem Buch wirst Du lernen, wie Du Lügen enttarnst. Aber mehr noch. Du wirst auch lernen, wie Du andere Menschen besser belügen kannst. Wir sprechen hier von Manipulationstechniken. Aber nicht irgendwelchen. Wir sprechen von den gut gehüteten Techniken der Mentalisten. Diese uralte Sparte der Täuschungsmagie steht nicht griffbereit im nächsten Bahnhofsbuchladen. Extrem selten sind Bücher oder Skripte zu finden, die einem diese Kunst lehren. Und noch schwieriger ist es, sie zu lernen. Zumindest war das so. Bis jetzt!

Mein Name ist Heiko Rieger. Ich bin Mentalist. Ich gehöre zu den Menschen, die diese Kunst beherrschen. Ich bin fasziniert von den Möglichkeiten und der Macht, die wir Menschen besitzen. Und diese Möglichkeiten können wir Menschen auch lernen zu nutzen. Jeder von uns. In diesem Buch möchte ich Dir zeigen, wie einfach es ist, Menschen in ihrer Wahrnehmung zu täuschen. Ich möchte Dir zeigen, wie Du genau die Reaktion provozieren kannst, die Du auch haben möchtest. Und ich werde Dir Techniken zeigen, mit denen Du problemlos die Gestik, Mimik und viele weitere, passive Ausdrucksweisen von Menschen lesen und übersetzen kannst.

Tauche mit mir ein in die mystische, geheimnis- und machtvolle Welt der Mentalmagie. Ich verspreche Dir, so etwas hat es bisher noch nie in deutscher Sprache gegeben. Ein Mentalist packt aus. Das ist mein Statement. Dafür werde ich stehen. Ich werde Dich einweihen in die verborgenen Techniken und Geheimnisse dieser faszinierenden und zugleich auch beunruhigenden Kunst. Doch Vorsicht! Dieses Buch übernimmt keine Verantwortung darüber, was Du mit Deinem neu errungenen Wissen anstellen wirst. Denke bei allem an die Gesetze des Universums. Setze Dein Wissen und Deine neuen Fähigkeiten nie dafür ein, um anderen Menschen zu schaden! Es wird auf Dich zurückfallen. Ich weiß, wovon ich spreche. Ich habe Dich gewarnt.

Magische Grüße zu einer spannenden Reise in die Welt eines Mentalisten

Dein Heiko Rieger

Professionelle Täuschungen und ihre Folgen | Einleitung

Einleitung

Wie ich zu einem Profi der Täuschung und Manipulation wurde

Wer von uns hat nicht den Traum, jeden Menschen alleine durch einen Fingerschnipp dazu bringen zu können, alles von ihm zu bekommen, was man möchte? Oder jede Frau in die Kiste zu kriegen, um all seine Phantasien mit ihr auszuleben? Ich glaube, die Meisten von uns haben diesen Traum. Leider ist man nur meistens auch davon überzeugt, dass sich das nur um ein Wunschdenken handelt. Das war auch einmal meine Überzeugung – bis ins Jahr 2001.

Ich interessierte mich schon immer für die optischen Täuschungen und Tricks der großen Magier. Im Fernsehen bewunderte ich deren geschickten Methoden Tausende Menschen durch wenige Handbewegungen abzulenken. Da gab es Illusionisten wie David Copperfield und Siegfried & Roy. Da gab es für mich aber auch die professionellen Taschendiebe, sogenannte „Pick Pocket-Artists", und die Trickbetrüger. All diese Menschen und ihre „besonderen" Fähigkeiten hatten schon immer eine faszinierende Wirkung auf mich. Ich kannte alle Ihre Maschen und Tricks und studierte sie, sofern möglich, mir selbst akribisch ein. Eines Tages stieß ich jedoch auf eine neue Sparte. Eine magische Kunst, die so atemberaubend war, dass ich es kaum glauben konnte. Wie hatte ich es nur bislang geschafft, ohne sie zu leben? Der Stein, der alles zum Rollen brachte, war seinerzeit Jan Becker. Heute als Fachmann für Hypnose bekannt. Zufällig, beim Zappen im Fernsehen entdeckte ich ihn. Sofort war ich wie gebannt.

Ich erinnere mich noch gut. Die Sendung, die über ihn berichtete, war „Stern TV". Und was ich dort sah, ließ mir das Blut in den Adern gefrieren. Der Mentalmagier Jan Becker lief durch die Straßen Berlins und ließ wildfremde Passanten ihren Namen vergessen. Einfach so. Oder er betrat eine Tankstelle und gab der Kassiererin einen verschlossenen Umschlag in die Hand, verwickelte sie in ein Gespräch und forderte sie anschließend auf, sich einen willkürlichen Gegenstand aus dem Tankstellensortiment auszusuchen. Als sie mit einem Bounty-Riegel zurückkam und dem Umschlag einen zusammengefalteten Zettel entnahm, las sie: „Du wirst Dich für einen Bounty Schokoriegel entscheiden." Er entlarvte auf Anhieb die Lügen der Zuschauer und fuhr mit mehrfach verbundenen Augen Auto. Er fand mühelos eine in Berlin versteckte Stecknadel, indem er sich lediglich die Hand der Person, die die Nadel versteckt hatte, auf seine Schulter legen ließ. Wie war so etwas möglich? Wie hatte er das gemacht? Da ich bis zu diesem Zeitpunkte Tausende von Routinen und Zaubertricks bereits kannte, war ich mir sicher, dass es sich hierbei um keinen Trick handeln dürfte. Es musste etwas anderes im Spiel sein. Etwas, das ich noch nicht kannte. Meine Neugier war entfacht. Sofort recherchierte ich im Internet und fütterte Google mit allen möglichen Suchbegriffen. Ohne Erfolg. Selbst in bestimmten Zauberforen fand ich keine Antwort. Einzig einige ahnungslose und selbst verwunderte Antworten auf ähnliche Suchanfragen konnte ich finden. Das Thema ließ mich nicht mehr los. Im darauffolgenden Jahr recherchierte ich wie ein Besessener. Stunden-, tage-, quatsch wochen- und monatelang durchwühlte ich das Internet, ohne auch nur einen einzigen Hinweis zu ergattern, bis ich eines Tages durch Zufall auf ein sehr exklusives Mentalistenforum in den Vereinigten Staaten stieß.

Meine Freude war nur von kurzer Dauer. Es war hier unmöglich, sich einfach ohne Weiteres anzumelden. Eine schier unmögliche Aufnahmeprüfung wurde verlangt, bevor man Zugang erhalten sollte. Diese Mentalisten machten ein großes Geheimnis um ihre Kunst. Ein weiterer Grund für mich, hinter diese Techniken und Tricks der Manipulation zu kommen. Doch das Glück blieb mein treuer Geselle. Durch Zufall ergatterte ich kurze Zeit darauf bei einer Onlineauktion ein etwa 150 Jahre altes Skript über eine bestimmte Routine der Mentalisten. Dieses Skript sollte, zusammen mit geschickter Überredungskunst, meine Eintrittskarte zu diesem Forum werden und damit in eine mir völlig neue Welt. Plötzlich fand ich mich in Gemeinschaft mit sehr mächtigen Menschen, die scheinbar alle Geheimnisse dieser Jahrhunderte alten Kunst kannten. Bald schon fand ich einen Mentor, der mich bei der Hand nahm und mir zeigte, wo ich mir welche Fachliteratur zu kaufen hatte. Diese Skripts und Bücher waren nicht immer einfach zu beschaffen. Alle waren in englischer Sprache geschrieben und mussten im Ausland bestellt werden. Auch gab es einige Schriften, die nur in sehr kleiner Auflagen weltweit verfügbar waren. Meist bestand der Inhalt aus zigmal kopierten und korrigierten Zetteln, die offensichtlich schon Jahrzehnte auf irgendeinem amerikanischen Mentalistendachboden zugebracht haben mussten. Manchmal fehlten ein paar Blätter. Wieder andere waren mit einer Feder geschrieben und extrem schwierig zu lesen. Der Preis für ca. dreißig Seiten geballtes Manipulationswissen war ebenfalls nicht zu verachten. Teilweise werden mehrere hundert Dollar oder Pfund fällig, je nachdem, wie gut der beschriebene Effekt ist. Viele der Skripte und Bücher kamen in einem versiegelten Plastikbeutel bei mir an. Ich hatte die Büchse der Pandora entdeckt ...

In den darauffolgenden Jahren studierte ich tagein, tagaus meine äußerst geheimnisvoll anmutenden Bücher. Im Mentalistenforum war ich ohnehin Dauergast und ich lernte eine Menge über die Geschichte der Mentalmagie selbst. Mehr sogar noch als in der Zauberei ist es bei den Mentalisten äußerst verpönt, wenn ein Kollege seine Techniken verrät. Ein unmittelbarer Verstoß aus dem inneren Kreis ist die Folge. Manche Techniken sind bereits mehrere Hundert Jahre alt und werden stets durch die Erfahrung der Künstler selbst ständig verbessert und erweitert. Nur deshalb sind diese Techniken bis heute nicht öffentlich bekannt und werden es wohl auch nie werden. Mir wurde klar, dass es sich um teuflisch perfekte Manipulationen handelt, welche durchaus immensen Schaden verursachen können, gerieten sie in falsche Hände. Die Geheimhaltung hatte also auch einen triftigen Grund. Mit diesem Material könnte man Religionen gründen, so sagte man immer. Mittlerweile kann ich das bestätigen.

Doch wie sollte ich nun mein ganzes angesammeltes Wissen nutzen? Keine Frage, ich ging auf die Straße, um mit wildfremden Passanten zu üben. Schnell bemerkte ich, dass es für bestimmte Effekte eine Menge Erfahrung und Übung bedarf, um sie auch als wirklich überzeugende Realität zu verkaufen. Und das tat ich nun auch. Ich übte. Ich übte und war begeistert. Schnell war ich Mittelpunkt jeder Veranstaltung und immer gern gesehener Gast auf jeder Party. Fortan warf ich mich in Schale, kleidete mich mit Anzügen, um die nötige Souveränität auszustrahlen, und hypnotisierte, manipulierte und las die Gedanken meiner Mitmenschen, was das Zeug hielt.

Kurze Zeit darauf wurde ich auf die Szene der sogenannten „Pick Up Artists" aufmerksam. In dieser Szene nutzt man Manipulationstechniken aus der Mentalmagie, um so viele Frauen wie nur irgend möglich abzuschleppen. Sozusagen im Akkord. Durch geschickte psychologische Vorgehensweisen, unbewusst wirkende Anker oder hypnotische Sprachmuster bringen diese „Künstler" jede Frau zum Schmelzen. Meist wenige Stunden später verschwindet man dann gemeinsam auf irgendeinem Hotelzimmer. Und dabei spielt es überhaupt keine Rolle, ob diese Frau glücklich verheiratet ist oder scheinbar interessenlos durch einen Supermarkt steuert. Keine noch so atemberaubende Frau schien vor diesen „Pick Up Artists" sicher zu sein. Dabei spielte es auch nachweislich keine Rolle, wie so ein „Künstler" aussieht. Ob klein, groß, dick, dünn, ob mit Narbe im Gesicht oder einem zu kurzen Bein. Alles war möglich. Scheinbar mühelos brachten sie Frauen der Oberklasse dazu, mit ihnen sofort Sex zu haben.

Um meine Techniken zu verbessern, las ich mich also nun auch noch durch sämtliche Bücher dieser glamourösen Szene und machte nun vor keiner Frau mehr Halt. Später werde ich auf diese Techniken noch ausführlicher eingehen.

Nach einiger Zeit hatte ich meine eigene perfekte Masche erarbeitet. Nahezu ohne Fehlerquote schnurrte sie wie ein gut geölter Motor. Ganz egal, welche Frau ich ansprach, es klappte immer. Braun gebrannt, gut duftend und im Anzug gekleidet tauchte ich in Clubs oder privaten Partys auf oder besuchte grundlos Supermärkte, nur um ein neues „Target" zu finden. Meist schnell wurde ich auch fündig. Ich visierte sie an und steuerte auf sie zu, sobald ich ein besonders attraktives „Ziel" gefunden hatte.

Auf meinen Beutezügen ging ich immer mit der gleichen Masche vor. Das macht auch Sinn. Anderweitig ist es Zufall, aber nicht Professionalität, wenn eine Routine beginnt zu funktionieren. Und genau das wollte ich: meine Masche professionalisieren. Die Routine, an der ich damals arbeitete, verlief so: Zuerst lief ich ganz cool am Tisch meines Targets vorbei, drehte mich dann aber scheinbar wie zufällig um und sagte „Hey, ich bin gleich wieder weg! Zuerst aber möchte ich Euch etwas Tolles zeigen. Etwas, was Ihr Euer Leben lang nie wieder vergessen werdet." Unter diesen Umständen willigte bislang noch jede Frau oder Frauengruppe ein – bis auf eine Dame, die war aber gerade beim Essen. Wie ignorant von mir. Sodann übergab ich ihnen einen versiegelten Umschlag und ließ sie an den Namen einer Person denken, welche ihnen einmal sehr viel bedeutet hat. Wichtig ist in diesem Fall die Vergangenheitsform. Daher wählen die meisten Menschen dann auch eine verstorbene Person. Das können wir dann für uns nutzen und die innersten Gefühle unseres Targets erreichen. Mein Target sollte auf keinen Fall die Lippen bewegen, dafür aber mir geradewegs in die Augen sehen. Ich hielt dabei deren Kopf zwischen meinen Händen. Eine tolle Chance, für eine sehr persönliche Berührung. Wann darf man schon nach wenigen Sekunden den Kopf einer schönen unbekannten Frau in den Händen halten? Die Wirkung liegt auf der Hand. Bereits nach wenigen Augenblicken ließ sich so ein enormes Vertrauensverhältnis aufbauen und ein Gefühl von Zugehörigkeit stellte sich ein. Weitaus besser aussehenden Clubbesuchern dürfte dies selbst nach mehreren Stunden langweiligen Geredes höchstens mit sehr viel Glück und dann auch nur vielleicht gelingen.

Mit dem Kopf in der Hand versuchte ich nun den Namen an den Augenbewegungen, Lippen und an der Mimik abzulesen. Keine Frage, dass es dann wie eine Bombe einschlug, wenn ich den Namen dann aussprach. Dann übergab ich einen verschlossenen Umschlag. Um den Effekt noch weiter auszunutzen, bat ich darum, auf eine Serviette oder ein Stück Papier einen Gegenstand zu zeichnen, den sie mit dieser Person verbindet. Den Tränen bereits nahe wurden dann ein Ring oder beliebige andere Gegenstände aufgemalt. Nun forderte ich, das Kuvert zu öffnen. Oh Wunder, auf einem Blatt Papier stand exakt der Gegenstand geschrieben, der auch gezeichnet wurde.

Wie versprochen verabschiedete ich mich nach diesem eindrücklichen Effekt und positionierte mich in Sichtweite meines Targets und wartete. Ich wartete ab, was passiert. Zu neunzig Prozent war es sicher, dass ich nach einer kurzen Erholungsphase von meinem Target angesprochen wurde. Immerhin musste sie ja wissen, wie ich das gemacht hatte. Ein weiterer Schritt war geschafft, um sie von ihren Freunden zu separieren. Ein wichtiger Schritt. Nun war sie offen für stundenlange Manipulation und für die Möglichkeit, sich Hals über Kopf in mich zu verlieben. Völlig egal, ob ihr Freund im selben Club oder sie gar verheiratet war. Die Hormone, die durch meine Techniken ausgelöst wurden, waren um ein Vielfaches stärker als der Verstand. Mein Weg war geebnet.

Die Folgen von Manipulation und Täuschung

Es kam, wie es kommen musste. Alle Frauen, die ich haben wollte, hatte ich auch erfolgreich verführt, und dieses Spiel begann langsam seinen Reiz zu verlieren. Ein neuer Kick musste her. Dieser kam im Gewand einer wunderschönen Frau. Nein, nicht auf der Straße, nicht in einem Club oder auf einer Party. Ganz schlicht auf der Arbeit lernte ich sie kennen. Sie hatte pechschwarze Haare, war sonnengebräunt, alleinstehend, war Mutter zweier Kinder und auch noch fünfzehn Jahre älter als ich. „Unerreichbar" hörte ich es von allen Seiten raunen. Doch für diese Warnung war es bereits zu spät. Bis über beide Ohren hatte ich mich verliebt. Ich griff in meine Trickkiste und versuchte alles, was mir möglich war. Doch sie wollte nicht auf mich anspringen. Ganz gleich, was ich tat, am Ende ging ich doch wieder alleine nach Hause. Ein langes Jahr sollte es dauern, bis ich endlich einen Schritt weiter kam. So war ich das nicht gewohnt. Die Erklärung: Gerade frisch getrennt war bei ihr der Schmerz über die vergangene Liebe doch größer als der Wunsch, sich neu zu binden. Solche Situationen sind in der Psychologie der Manipulation nicht unbekannt. Ein Schmerz ist immer größer als ein anderer Schmerz. Um das Verhältnis der Intensität umzukehren, bedarf es vor allem eines: Geduld! Wenn man das weiß, lässt sich dieser Umstand allerdings sehr gut für die eigenen Ziele nutzen.

Zum besseren Verständnis ein kleines Beispiel: Du sitzt mit Deiner Freundin auf der Couch und möchtest unbedingt mit ihr essen gehen. Du weißt, das wird ein schier unmögliches Unterfangen. Du musst sie ja davon überzeugen, jetzt aufzustehen, um sich zum Ausgehen zurecht zu machen. Und wie Du Deine Freundin kennst, wirst Du mit normalen Mitteln niemals zum Erfolg kommen. Also erzeugst Du nun einen Schmerz und stellst sie vor die Wahl zwischen dem Schlimmeren und dem weniger Intensiven. So fragst Du ganz nebenbei: „Schatz, magst Du mir was kochen oder wollen wir was Leckeres essen gehen?" Bemerkst Du etwas? Die Vorstellung, jetzt kochen zu müssen, wäre noch viel schlimmer, als es sich im Restaurant gemütlich zu machen. Du lässt nur scheinbar eine Wahl. Da die Möglichkeit, gar nichts zu essen, nicht zur Debatte steht, wird sie mit sehr hoher Wahrscheinlichkeit sich für die zweite Variante entscheiden.

Ein ganzes Jahr lang versuchte ich also Tag um Tag und Stück um Stück alles, was mir einfiel, nur um sie ein einziges Mal zu einer Verabredung mit mir zu verführen. Endlich, ein Jahr später war es endlich so weit. Sie stimmte zu mit mir auszugehen. Unfassbar! Ein Ergebnis, das für all meine Freunde so unrealistisch schien, dass gerade diese Frau sich auf mich einließ, dass man es kaum glauben wollte. Aber so war es. Ich hatte alles, was ich konnte, all meine Techniken angewandt, und nun war ich endlich am Ziel. Ich hatte sie zwar niemals angelogen, allerdings stets eine Atmosphäre wie in einem Märchenschloss für sie erschaffen. Fortan wartete ich allabendlich in meiner 180-qm-Studiowohnung, mit mediterranen, selbst gekochten Snacks zu lauschiger Musik, warf mitten im Winter den Grill auf dem Balkon an, um exotische Fische zu braten, goss den besten Wein aus, den ich finden konnte, ließ tonnenweise Kerzen meine Wohnung erstrahlen und sorgte jeden Abend, wenn sie zu mir kam, für ein Ambiente, bei dem Richard Gere vor Neid erblasst wäre.

Kurzum – ich hatte es geschafft. Die Frau meiner Träume hatte sich in mich verliebt. Und ich? Ich war der glücklichste Mensch aller Zeiten, das kannst Du mir glauben. „Alle Zeiten" dauerte jedoch leider nur genau ein Jahr. Eines Abends traf mich unbarmherzig der Hammer des Schicksals. Sie besuchte mich auf der Arbeit und erklärte mir, dass sie wieder mit ihrem Ex-Mann zusammenkommen wolle. Weinend verabschiedete sie sich von mir. Ich war am Boden zerstört. Wie mit einem scharfen, gezackten Messer grub sich diese Nachricht in mein Herz. Ich konnte es nicht fassen. Irgendein mieser Typ, den ich noch nicht einmal kannte, riss mir meine Muse aus den Armen und verschwand im Nichts.

Was verdammt noch mal war geschehen? Ich hatte doch offensichtlich alles richtig eingefädelt?

Nun, heute kann ich es exakt beschreiben. Heute verstehe ich, welch gefährliches Spiel ich angefangen hatte und warum ich letztendlich verlieren musste. Du musst das so sehen: Ein toller Film kann wunderschön anzusehen sein, doch er droht auch langweilig zu werden, wenn er länger als drei Stunden geht. Er wird langatmig, uninteressant und man sehnt sich danach, gerne wieder etwas anderes zu sehen. Es wird schlicht zu viel. Sicher, diese Traumfrau fühlte sich sehr geschmeichelt und ließ sich in meinem kleinen Paradies allabendlich gern fallen. Sie genoss alle Annehmlichkeiten, meine Aufmerksamkeit. Es war ein wunderbares Gefühl. Jedoch verliert jeder Zauber irgendwann seinen Reiz. Zu viel des Zaubers „ent-zaubert" irgendwann! Das musste ich nun lernen und hatte es zu akzeptieren! Alle Techniken, die ich angewandt hatte, funktionierten, hatten ihren Sinn gehabt und ihren Dienst mit Bravour erfüllt. Aber schlussendlich war es eine Illusion geblieben, sie wurde nicht Realität. Aufrichtig sich in mich zu verlieben war ihr damit nicht mehr möglich gewesen. Ich hatte sie mehr oder weniger dazu gezwungen. Das war der erschreckende Unterschied. So musste es kommen, wie es kam: Es wurde langweilig und ich konnte nichts dagegen unternehmen. Das Gefühl der Verliebtheit ließ sich nicht auf Dauer aufrechterhalten. Es war vorbei.

Was ich schmerzlich daraus gelernt habe, ist, dass jegliche unehrliche Aktion, sei es ein Diebstahl, eine Lüge oder eine Manipulation immer, und zwar unter Garantie, immer wieder auf einen zurückfallen

26

wird. Das Gesetz des Universums wird dafür sorgen, dass Gerechtigkeit herrschen wird. Ein ewiger Ausgleich. Sozusagen ein nicht manipulierbares Yin und Yang. Das habe ich verstanden. Mir ist es sehr wichtig, Dir diese Anekdote mit auf den Weg zu geben. Ich möchte Dich vor solch schlimmen Fehlern bewahren. Du musst nicht die gleichen Erfahrungen machen wie ich. Zumindest nicht diese. Wenn man glaubt, man könnte mit diesen Techniken alles erreichen, ja sogar alles haben oder besitzen, was man sich vorstellt, dann ist es meist nur eine Frage der Zeit, dass man sich auch mit unlauteren Methoden an Herzensangelegenheiten heranmacht. Heute habe ich mit meiner jetzigen Partnerin zwar magische Momente, ich werde mich jedoch davor hüten, Illusionen zu erschaffen. Ich gebe den Gesetzen des Universums keine Angriffsfläche mehr und bewahre, was ich mir ehrlich aufgebaut habe.

Nun. Ich habe Dich gewarnt. Mentalmagie kann in den richtigen Händen eine Bombe sein! Jetzt ist es an der Zeit, Dir zu zeigen, wie man die Zündschnur dieser Bombe zum Brennen bringt. Vergiss bei allem aber bitte nie, Du kannst ein atemberaubendes Feuerwerk entfachen, wenn Du mit meiner mentalen Pyrotechnik ehrlich und aufrichtig umgehst. Wenn nicht, kann die Bombe aber auch nach hinten losgehen.

Professionelle Täuschungen und ihre Folgen | Einleitung

Grundlagen

Magie der Verführung.

Magie der Verführung. | Grundlagen

Die Macht von Suggestion & Rapport

Schlüpfe doch kurz einmal in die Rolle einer Frau. Nehmen wir nun an, Du würdest auf der Straße von einem Typen angesprochen, der ungepflegt und in alten Klamotten daherkommt. Er will Dich in ein Gespräch verwickeln und Dich auf ein Getränk einladen. Mal ganz ehrlich, würdest Du mitgehen? Wahrscheinlich würdest Du eher wenig bis gar kein Interesse zeigen und lieber Deine Handtasche fest im Griff halten. Wie wäre allerdings die Lage, wenn es sich dabei augenscheinlich um einen Mann von Welt mit Stil und Niveau handeln würde? Frisch rasiert, nach teurem Parfum duftend und in einem modischen Anzug? Sicherlich eine ganz andere Situation. Nun gäbe es nur noch das Problem mit dem Ehemann zu Hause. Du willst auf keinen Fall ein Risiko eingehen, das ist klar. Gegen ein kleines Abenteuer hättest Du hingegen nichts einzuwenden. Sicher, nur dann nicht, wenn nicht plötzlich Deine Ehe oder Beziehung in Frage gestellt würde. Aber eine dieser Situationen erleben, von denen man ja schon mal gehört haben soll, auch trotz Partnerschaft jemanden mal kurz zu treffen, der eine so magische Anziehung auf einen hat, als ob es ein Seelenverwandter wäre – das will man sich dann doch auch nicht entgehen lassen, oder nicht? Und glaube mir, als Mentalist kann man ein solches Gefühl ohne Weiteres erzeugen. Dazu aber später mehr.

Nun, wie käme man nun voran? Wie geht es weiter? Ganz einfach, als Erstes müsstest Du für ein Überraschungsmoment sorgen. Egal, ob Du gerade auf Arbeitssuche bist, in einem Vorstellungsgespräch sitzt, eine Frau ansprechen willst oder bei der Bank um einen nahezu aus-

sichtslosen Kredit bittest, ohne Überraschung wird alles viel schwieriger. Ich kenne zum Beispiel einen Manipulator, der es schafft, seinen Vermieter regelmäßig derart zu überraschen, dass es ein Kinderspiel für ihn ist, ihn davon zu überzeugen, ihn mietfrei in seiner Wohnung leben zu lassen. Zwar steht der Vermieter einen Monat später dann erneut auf der Matte, irgendwann lässt halt auch die beste Hypnose wieder nach, aber die gewünschte Illusion lässt sich für ihn problemlos wieder auffrischen und die nächsten vier Wochen sind geritzt.

Wirkung mit Folgen

Damit solche Überraschungsmomente funktionieren, ist es meiner Meinung nach unabdingbar, erst einmal das eigene Aussehen zu verändern. Das hat jetzt nichts mit verbiegen zu tun. Nennen wir es: optimieren. Unsere Wirkung optimieren. Wenn Du partout so bleiben willst, wie Du bist, dann wirst Du auch nie in den Genuss kommen, scheinbar Unmögliches zu erreichen. Das kann ich Dir aus Erfahrung garantieren. Lass Dir sagen, ein entsprechendes Äußeres ist schon die halbe Miete. Allein unser Äußeres wirkt bereits als starke, unbewusste Suggestion. Vor allem dann, wenn Du Dir souveräne Kleidung zulegst. Ich bevorzuge daher Anzüge. Mit einem Anzug ist man immer bestens gekleidet. Wir leben nun einmal in einer Gesellschaft von Menschen, deren Meinungen und Urteile über andere sich vor allem auf den Einfluss von Funk, Fernsehen und Zeitungen gründen. Kleider machen Leute, heißt es dort. Zurecht. Nicht das Geld in Deiner Tasche zählt.

Stelle Dir doch testhalber nur mal Deinen Banker in coolen, stylischen Boots, Nietengürtel und Baggyjeans vor. Bestimmt hättest Du beim ersten Besuch dieser Bank auf dem Absatz wieder kehrt gemacht, um ein anderes Institut aufzusuchen, nicht wahr? Warum? Selbst mit dem gleichen Pflichtbewusstsein für seine Arbeit wäre es diesem Banker nicht möglich, die nötige seriöse Wirkung auszustrahlen. Warum? Weil wir seit unserer Kindheit in jedem Sparkassenheftchen, in jeder TV-Serie und in sämtlichen Zeitungen gezeigt bekommen haben, wie ein seriöser Banker auszusehen hat. Nur durch diese Suggestion haben wir uns eine Meinung, ein Urteil gebildet, das emotional wirkt. Wenn wir also im Anzug auftreten, egal in welcher Situation, rufen wir bei unserem Gegenüber genau dieses abgespeicherte Gefühl ab. Er sieht uns mit komplett anderen Augen. Eine Illusion eben, die wirkt. Egal, wie wir es drehen und wenden, es ist und bleibt am Ende eine Illusion. Nackt sehen wir nämlich alle gleich aus.

Halten wir also fest: alleine durch die Art und Weise, wie wir auftreten, erzeugen wir bei unserem Gegenüber schon eine gewünschte emotionale Vorentscheidung. Diese ist derart wichtig, dass man eigentlich ohne Anzug überhaupt nicht auskommen kann. Der erste Eindruck ist und bleibt immer der ausschlaggebende, mache Dir das stets bewusst. Und dieser Eindruck ist auch nicht mehr rückgängig zu machen. Sicherlich, Frauen stehen auch auf Männer in lässigen Klamotten. Wenn man(n) es tatsächlich geschafft haben sollte, sich auch diese wirklich modebewusst (aus Sicht der Frau) auszusuchen. Aber im Anzug finden Frauen Männer immer anziehend. Da kann man nichts falsch machen. Der Anzug verleiht uns die Aura von Erfolg und smartem Auftreten. Auch ein Vermieter wird es sich zweimal überlegen, Dich aus der Wohnung zu werfen, wenn Du im Geschäftsoutfit die Türe öffnest. Erfolg, zum Beispiel eine wildfremde Person auf der Straße zu hypnotisieren oder allein nur auf ein Getränk einzuladen, wird Dir geradezu zugeflogen kommen, wenn Du das passende Outfit gewählt hast. Wichtig: lüge nicht! Nie! Erzähle nicht, dass Dir die Europäische Zentralbank gehört oder Du Warren Buffets Sohn bist. Solcher Quatsch kommt immer ans Licht. Schneller als Dir lieb sein wird. Lass der Phantasie Deines Gegenübers freien Lauf. Selbst wenn sich eines Tages herausstellen sollte, dass Du nicht deren Phantasie entsprechen solltest. Du wirst immer wahrheitsgemäß sagen können, dass Du Dich in einem Dreiteiler einfach am wohlsten fühlst. Allerdings, die Illusion wird dann auch anfangen zu bröckeln. Aber egal. Geht es bei Deinen Bemühungen um eine Frau, dann hattest Du ja sowieso nie vor Dich zu verlieben. Eine never ending story hatte daraus ja nie werden sollen, nicht wahr?

Es ist völlig in Ordnung, sich gut zu verkaufen, womöglich als etwas Besseres als man sich leisten kann. Ich Kenne einen „Pick-Up-Artist", der sich ohne Anzug gar nicht mehr auf der Straße blicken lässt. Allerdings wohnt er in einem Ein-Zimmer-Appartement. Seine Nachbarn werden wohl denken, er spare. In der Stadt genießt er auf jeden Fall einen einwandfreien Ruf. Nicht gerade schädlich für unsere Vorhaben.

Hypnose funktioniert alleine durch das Unbewusste Deines Gegenübers. Fühlt sich Dein Gegenüber nicht gut aufgehoben oder gewinnt er nur den kleinsten Eindruck von Misstrauen, wird ein hypnotisches Angebot nicht funktionieren. Trittst Du allerdings entsprechend auf, wird Dein Angebot einschlagen wie eine Bombe. Allein dadurch, dass der zu Hypnotisierende durch Dein seriöses Auftreten fest daran glauben wird, dass Du Dein Handwerk meisterhaft beherrschst, hast Du schon die halbe Miete in der Tasche. Ein bekannter Hypnotiseur erzählte mir einmal, dass er bereits im Alter von neun Jahren seinen besten Freund hypnotisiert habe, ohne zu wissen, wie das genau funktioniert. Alleine dadurch, dass er ihm sagte, er habe ein Hypnosebuch gelesen und beherrsche diese Kunst, funktionierte alles andere wie von alleine.

Was ich Dir damit sagen will, ist, dass Suggestionen derart mächtig wirken, dass wir uns eigentlich nur vorzustellen brauchen, was wir gerne für unser Gegenüber sein möchten. Wir werden eine entsprechende Reaktion bekommen. Garantiert. Je besser Du es Dir vorstellen und Dich in diese Rolle hineinversetzen kannst, desto glaubwürdiger bist Du und desto mehr gespeicherte „Anker" wirst Du im Gehirn des Anderen abrufen. Er wird Dir aus der Hand fressen. Ich habe das Hunderte Male erlebt. Vergegenwärtige Dir, wir leben in einer Welt gespickt von Suggestionen und wir werden uns stets nach ihnen richten. Sei selbst so eine Suggestion. Eine lebende Suggestion eben. Du wirst nicht darum herumkommen, Dich genauso zu präsentieren, wie Du wahrgenommen werden willst. Wenn Du erfolgreich Deinen neuen Arbeitgeber beeindrucken oder Deine Traumfrau gewinnen willst, wenn Du dabei erfolgreich sein möchtest, dann schlüpfe in die Rolle, die die meiste Wirkung auf Dein Gegenüber hat. Das ist in meinen Augen nichts Besonderes, in gewisser Form agieren wir alle mehr oder weniger in dieser Weise. Nur eben nicht bewusst. Ein Bankangestellter würde auch nicht mit wehender Fahne durch die Schalterhalle laufen, auf der ein Bild zu sehen ist, wie er sich nach Feierabend in Jogginghose und Bier in der Hand die Sportschau ansieht. Wenn man wollte, dann könnte man diesem ja auch unterstellen, er verstelle sich den ganzen Tag. Dass das Quatsch ist, liegt

auf der Hand. Ich bin der Meinung, jeder sollte sich von seiner allerbesten Seite zeigen. Jeden Tag. Wer bis jetzt nicht gelernt hat, bewusst in die wirkungsvollsten Rollen zu schlüpfen, der wird auch bis jetzt nicht den Erfolg geerntet haben, den er hätte haben können.

Alle zwei Wochen einen Friseur aufzusuchen, sich täglich zu rasieren, ein sauber gebügeltes frisches Hemd (offen oder mit Krawatte), nach Möglichkeit jede Woche ein Besuch im Solarium oder Bräunungscreme, ein bestens aussehendes Paar Schuhe (stets frisch geputzt) und ein guter Duft, das alles sollten Selbstverständlichkeiten sein. Man sagt übrigens auch, dass Fingernägel der Spiegel der Unterwäsche sein sollen. Auch Menschen mit wenig Erfahrung auf dem Gebiet des sogenannten „Cold Reading" achten unbewusst auf solche „Kleinigkeiten". Gerade Frauen. Sie legen ganz besonderen Wert auf gepflegte Männerhände. Die Zeiten der 80er Jahre, in denen man den Mann nach seinen geschundenen Arbeiterhänden positiv beurteilte, sind längst vorbei.

Wer nun der Meinung ist, dass dies etwas zu viel des Guten sei, dem muss ich leider noch einmal attestieren, dass er dann den Erfolg nicht mit aller Macht will! Er wird ihn daher auch nicht verdienen. Wie pflegte der Börsenguru Bodo Schäfer immer zu sagen: „Wer nicht bereit ist anfangs zu sparen was das Zeug hält, hat die Million nicht verdient!" Diese Einstellung kann man auf alle Situationen im Leben übertragen. Sicherlich, ein Leonardo Di Caprio kann auch noch nach zwei Monaten ungeduscht jede Frau abschleppen und kostenlos in so beinahe jedem Laden der Stadt Kaffee schlürfen. Wer aber noch keinen weltweit ausgestrahlten Kinofilm gedreht hat, sollte sich erst einmal mit den Basics beschäftigen. Wir sollten uns aus der Masse abheben, um von dem bemerkt zu werden, von dem wir etwas wollen. Wichtig ist, dass wir Energie in unser Vorhaben stecken. Ob diese Energie in Form eines Hollywood-Streifens in unserem Plan auftaucht oder in der perfekten Pflege von Accessoires, Auftreten und Erscheinungsbild, das ist schlussendlich völlig egal und hängt von Deinem Ziel ab. Ohne Energie-Input kein Erfolg!

Du wirst erstaunt sein, wie viel mehr Erfolg Du mit dieser Einstellung haben wirst. Ändere auch ruhig ab und an mal Deinen Typ. Kaufe

Dir zum Beispiel mal einen andersfarbigen Anzug. Wenn Du erst einmal angefangen hast, Dich darin wohlzufühlen, stehen Dir alle Wege offen.

Ohne an dieser Stelle genauer auf das Thema Hypnose einzugehen, möchte ich Dich bitten, ändere Deine Weltansicht ein wenig. Hypnose ist eine Technik, welche massiv auf unser Unbewusstes einwirkt. Wie das ganz genau funktioniert, das ist tatsächlich bis heute nur in Ansätzen bekannt. Das sie aber funktioniert, steht ganz außer Frage. Ich möchte Dir dazu eine kleine Anekdote erzählen:

Ein Hypnoforscher versetzte eine Person in eine Tiefentrance und suggerierte ihr, diese würde ihn nicht mehr sehen, sobald sie die Augen öffnet. Er sei einfach nicht mehr im Raum (obwohl er sich keinen Zentimeter von dessen Seite wegbewegte). Nach dem Augenaufschlag war der Hypnoforscher für den Probanden tatsächlich unsichtbar. Nun griff der Forscher nach einem Gegenstand auf dem Tisch und trug ihn durch den Raum. Nach der Hypnose gab der Proband an, den Gegensand freischwebend durch den Raum gleiten gesehen zu haben. Der Forscher hielt nun eine Taschenuhr in seiner verschlossenen Faust und platzierte diese hinter seinem Rücken. Der Hypnotisierte konnte den Gegenstand sofort freischwebend im Raum erkennen. Faszinierend, findest Du nicht?

Es ist wichtig, willst Du dieses Buch in seiner Gänze verstehen, dass Du zumindest für die Dauer des Lesens Deine gewohnte Weltanschauung beiseite legst und über Deinen Tellerrand blickst. Das, was wir als Wirklichkeit definieren, ist bei Weitem viel komplexer, als wir in der Regel vermuteten. Nicht nur die Quantenphysik bestätigt uns das. Schauen wir uns das mal an.

Körpersprache

Grundlegendes

Was man vielleicht Grundsätzlich über Körpersprache wissen sollte, bevor wir unseren Fokus gleich auf nur zwei, drei kleine Rituale begrenzen, ist eigentlich schnell gesagt:

Dass es vor Urzeiten, bevor wir Menschen auch nur ein einziges Wort miteinander wechseln konnten, schon irgendeine Form der Verständigung gegeben haben muss, ist einleuchtend. Dass diese Form der Verständigung zwischen zwei Individuen vorwiegend über körperliche Signale verlief, wohl auch. So definiert sich nun bis heute auch das, was wir unter dem großen Sammelbegriff Körpersprache zusammenfassen. Da irgendwann einmal ein Individuum existiert haben muss, das die Signale des Körpers eines Anderen wahrnehmen konnte und auf sie einzugehen vermochte, also in Wechselwirkung und Interaktion mit diesem treten konnte, hat sich zwangsläufig so etwas wie eine Sprache entwickelt. Die Körpersprache eben. Und das schon vor langer, langer Zeit.

Nun ist Körpersprache heute nicht unbedingt die Domäne unserer bewussten und willentlichen Kommunikation. Da verlassen wir uns lieber auf unseren rhetorischen Fundus und unsere Wortgewalt. Körpersprache ist eher die Domäne unseres Unbewussten. Hier schulen wir uns bereits seit Jahrtausenden, um Reize und Signale anderer wahrnehmen

und auswerten zu können, noch lange bevor wir einen einzigen, bewussten Gedanken formuliert bekommen.

Da Gleichzeitigkeit das Phänomen der Körpersprache schlechthin ist, vermittelt sie wie keine andere Art der Kommunikation eine komplexe Mischung an verborgenen Wünschen, Gefühlen, Empfindungen und Widersprüchen. Körpersprache ist daher die ideale Projektionsfläche, wenn es darum geht, herauszufinden was wirklich wirklich ist. Körpersprache reagiert auf Gefühle. Und halbe Gefühle gibt es nicht. Halbe oder unvollständige Sätze jedoch ohne Ende. Vielleicht versteht es sich jetzt so ein wenig besser, was es bedeutet, wenn man hört, dass Kommunikation zwischen uns Menschen zu über 75 Prozent nonverbal sei. Und diese wirkt. Sie wirkt sogar so intensiv, dass wir gerne geneigt sind, unser logisch-rationales Entscheiden diesen nonverbalen Argumenten hinten an zu stellen.

Die berühmtesten Beispiele zu dieser These habe ich ja im Handbuch Manipulation schon kurz angerissen. Im Jahre 1960 wurde es überdeutlich, als Nixon in einem TV-Duell das erste Mal auf den jungen, offenen und dynamischen Kennedy traf, oder ein paar Jahrzehnte später Reagan auf Carter. Wissenschaftler sind sich sicher, vor allem die Körpersprache der Gewinner war für ihren Wahlsieg ausschlaggebend. Ein offenes, junges und dynamisches Gesicht punktet eben gegenüber eng zusammengezogenen Augenbrauen, genauso wie langsame, ruhige und souveräne Bewegungen gegenüber einer erschöpften und verkrampften Erscheinung punkten.

Grundsätzlich könnte man sagen, dass wir unseren Kommunikationspartner immer nach zwei unterschiedlichen Zeichen scannen: nach Abwehr oder nach Bedürfnis. Diese „Primär-Information" war einmal überlebenswichtig für uns Menschen. Deuteten wir ein Zeichen falsch, gab's im besten Fall eins auf die Mütze. Im ungünstigsten Fall waren wir tot. Derlei Missverständnisse dürfte es nur vor ein paar hunderttausend Jahren kaum gegeben haben. Zu ähnlich waren die Lebensbedingungen, in denen wir als Primaten noch hausten. Zu ähnlich unsere Bedürfnisse. Zu ähnlich unsere Lebenskultur. Körpersprache war von daher gesehen noch eine sehr direkte und eindeutige Sache.

Heute ist das nicht mehr der Fall. Die Welt ist klein geworden. Eng sind wir zusammengerückt. Meist sind es nur ein paar Klicks, um uns mit fremden Menschen aus der ganzen Welt zu verbinden. In manchen Städten dürfte es auch reichen, einfach mal vor die Tür zu gehen. Körpersprachliche Signale sind plötzlich nicht mehr so eindeutig. Viel zu durchmischt ist dafür unsere Gesellschaft geworden. Wir sind darauf angewiesen, sie zu interpretieren. Nicht nur die Lebensräume sind Vielfältig geworden, auch die Lebensbedingungen, die unterschiedlichen und sich vermischenden Kulturen, die Notwendigkeiten zu überleben und schlussendlich auch die Bedürfnisse. Zu unterschiedlich, zu individuell sind diese Signale, als dass es noch eine allgemeingültige Übersetzung geben könnte.

Erschwerend kommt hinzu, dass wir mittlerweile in einer digitalen Gesellschaft leben. Das ist zwar in vielen Punkten praktisch, ein Effekt ist aber nicht zu leugnen: digitale Kommunikation kann nur schwer körpersprachlichen Ausdruck kompensieren. Ganz gleich wie viele „Emoticons" oder „iLike"-Buttons es auch geben mag, der direkte, ehrliche und unbewusste Ausdruck unserer inneren Realität verkommt.

Nonverbale Kommunikation lässt sich eben nicht ersetzen. Zu viele emotionale Informationen über die Motive unseres Verhaltens lassen sich nahezu nur mit dem Körper transportieren. Wir erkennen Sympathie, Faszination und Bewunderung, Ablehnung, Widerwillen und Abscheu, Desinteresse und kommunikative Langeweile. Ein „Ich liebe Dich" wird einfach unglaubwürdig, wenn der Sprecher dabei einem anderen attraktiven Genpool hinterher schaut.

Womöglich verlernen wir es auch derzeit, uns auf der einen Seite körpersprachlich, direkt und unbefangen auszudrücken, genauso wie auf der anderen Seite diese auch natürlich zu lesen und interpretieren zu können. Nietzsche soll einmal gesagt haben: „Man lügt wohl mit dem Munde; aber mit dem Maule, das man dabei macht, sagt man doch noch die Wahrheit." Diese unterschiedlichen Ausdrucksformen, wie sich über Stimmlage, Modulation, Tempo, Gestik, Mimik, Kleidung, Blick, Distanzverhalten oder Haltung auf seine ganz individuelle Art und Weise auszudrücken, macht mehr und mehr einer digitalen und „verbal-visuellen" Form der Kommunikation Platz. Neurologische Un-

tersuchungen haben gezeigt, dass unser Gehirn Körpersprache ganz ähnlich verarbeitet wie auch Sprache. Doch wenn unser Gehirn hierfür immer weniger Trainingsmöglichkeiten bekommt, brauchen wir eben nun mehr Übung als zuvor, mehr Wissen und Bewusstheit, um uns diese Bereiche unserer zwischenmenschlichen Ausdrucksformen wieder zugänglich zu machen.

Festhalten kann man aber vor allem eines: Wir Menschen bewerten, verarbeiten und interpretieren die Körpersprache Anderer immer durch die Augen, Filter und Vorstellungen, die uns ganz eigen sind. Und entsprechend individuell reagieren wir auch. Körpersprache ist damit sowohl in ihrem Ausdruck als auch in ihrer Wahrnehmung immer subjektiv und individuell.

Dass man aus diesem individuellen Ausdruck womöglich doch einige allgemeingültige Vorhersagen treffen kann, zeigt ein kurioses Experiment, an dem sich der amerikanische Wissenschaftler Matt Hertenstein 2009 versuchte. Er analysierte das Lächeln von Probanden auf Jahrbuchfotos am Ende ihrer Schulzeit, um vorauszusagen, ob eine spätere Ehe möglicherweise geschieden werden würde oder nicht. Was so unglaublich klingt, brachte ein noch unglaublicheres Ergebnis zu Tage: Jugendliche mit dem schwächsten Lächeln bestätigten seine Theorie. Ihre Ehen wurden drei Mal so häufig geschieden wie die Ehe von Mitschülern, die ein breites, strahlendes „Zehn-Punkte-Grinsen" für die Linse hervorbrachten.

Absicht körpersprachlichen Ausdrucks

Ob ein breites Grinsen für Jahrbuchfotos oder sonst irgendeine Form körpersprachlichen Ausdrucks, die Sprache unseres Körpers verfolgt im Grunde die gleiche Absicht, die wir auch über unseren verbalen Ausdruck verfolgen: Wir wollen wirken. Wir wollen Wirkung erzielen.

Wir wollen uns mitteilen, austauschen, interagieren. Dafür sind wir bereit, eine ganze Menge zu unternehmen. Als „Rosenthal-Effekt" oder „Pygmalion-Effekt" in der Wissenschaft bekannt, nennt man das Phänomen, dass wir aufgrund unserer unbewussten Einschätzung unseres Gegenübers unser Verhalten beginnen anzupassen, unsere Wirkung sozusagen zu optimieren suchen. Der Grund hierfür liegt auf der Hand: Wir wollen optimalen Rapport aufbauen. Auf jeden Fall dazugehören. Wir wollen Verbindung herstellen.

Um unsere Wirkung zu optimieren, sind wir bereit, eine ganze Menge zu tun. Menschen, die zum Beispiel alleine in einem Zimmer fernsehen, reagieren mimisch ganz anders auf emotionale Szenen als Menschen, in deren Sichtfeld sich andere noch befinden – auch dann, wenn sie selbst überhaupt nicht gesehen werden können. Auch verändern wir ganz bewusst und gezielt unser Aussehen durch Kleidung, Schmuck oder Frisur, immer mit dem Ziel, eine ganz bestimmte Wirkung zu erzielen (Impressions-Management), um im besten Fall angenommen, gesehen und akzeptiert zu werden.

So zeigen Neuropsychologen durch Aktivitäts-Messungen, dass zu Beginn einer jeden Begegnung und eines jeden Gesprächs wir auch die Glaubhaftigkeit unseres Gesprächspartners einschätzen. Dies geschieht innerhalb einer einzigen Sekunde. Wir analysieren den Gesichtsausdruck (besonders Augen- und Mundstellung), die Tönung der Stimme (Prosodie), prüfen die Körperhaltung und gegebenenfalls sogar auch den Körpergeruch. Du siehst, es liegt eine ganze Menge in diesen ersten Augenblicken. Selbst die Symmetrie unserer Gesamterscheinung spielt eine wichtige Rolle. Das beobachtet man zum Beispiel auch bei Tieren: Symmetrie wird offenbar als Zeichen für Gesundheit, Kraft und gute Gene interpretiert. Ein Hinkebein wirkt daher nicht ganz so gut wie ein Adonis-Gorilla.

Wenn wir nicht wirken, nicht gesehen werden, im dümmsten Fall sogar übergangen werden, dann schlägt uns das mächtig aufs Gemüt. Dass wir uns nun ab und an hilflos, „wirklos" fühlen, das kann eine ganze Menge Gründe haben. Körpersprachlich hingegen ist das einfacher. Da gibt es nur zwei: Entweder waren unsere Signale zu schwach oder sie waren zu missverständlich, um eine Wirkung bei einem An-

deren zu erzielen. Ob wir wirken oder nicht, das lesen wir in Veränderungen ab. Bewegt sich unser Gegenüber, verzieht er eine Miene, muss er schlucken oder errötet er, dann kam unsere Wirkung bei ihm an? Irgendwas muss einfach geschehen, damit wir erkennen können, dass wir Wirkung hatten. Re-Aktion äußert sich immer in Veränderung, immer in Bewegung. Reaktion bedeutet daher, dass der Andere aufgenommen hat, was ich ihm angeboten habe, und dann kann er nicht mehr „gleich" bleiben. Es muss etwas anderes geschehen.

Dann reagiert er. Entweder mit positiven Gegensignalen, also mit einer Körpersprache, die frei, entspannt, im Flow und locker ist, die sich öffnet und sich breiter macht, die sich auf mich zu bewegt oder überhaupt frei und ungezwungen durch den Raum, die mich anlächelt, den Kopf zur Seite neigt oder sich entspannt zurücklehnt. Oder er reagiert mit negativen Gegensignalen. Das ist zum Beispiel eine Körpersprache, die einfriert, hart wird, sich zurückzieht, beugt oder sich selbst schützend umklammert und die Arme verschränkt.

Samy Molcho bietet an, um diese Signale besser erkennen und zuordnen zu können, sie in fünf Grundeinstellungen zu unterteilen: (1) Attacke, (2) Flucht, (3) Verstecken, (4) Hilfe suchen und (5) Unterwerfung.

Diese fünf Aspekte entsprechen nun in etwa dem Reaktionsrepertoire unserer Amygdala, dem Alarmsystem in unserem Kopf, das uns im Zweifel mit einer Welle von Hormonen flutet, wenn es irgendwie Gefahr glaubt geschnuppert zu haben.

Man könnte also zusammenfassen und sagen: Jeder Gedanke und jeder Sinnesreiz bedeutet einen Auftrag an unser Gehirn, und unser Körper organisiert die Ausführung. Ein Beispiel: Wenn wir uns für unwiderstehlich halten, dann wird unser Körper diesen Gedanken auch übersetzen. Wenn wir mit dem falschen Bein aufgestanden sind, dann wird auch das unser Körper übersetzen. So werden auf mystische Art und Weise unsere Sozialkontakte sich an diesem Tag auch in einer anderer Art und Weise gestalten. Und das sogar, ohne dass wir auch nur ein Wort zu sagen bräuchten.

Das Dumme ist aber nun, dass unser Gehirn sich derlei erste Eindrücke auch merkt. Pascal Vrticka von der Stanford University konnte in einem Experiment zeigen, dass unser Gehirn Gesichter, denen wir auch nur ganz flüchtig begegnen, innerhalb einer Zehntelsekunde in „gut" oder „schlecht" einteilen kann. Sahen die Probanden die Gesichter später einmal wieder, erkannten sie diese nur auf diffuse Art und Weise als „bekannt". Was ihnen nicht bewusst war, aber mit Hilfe der funktionellen Magnetresonanztomografie gezeigt werden konnte: Waren die Gesichter in einem eher negativen Kontext aufgefallen, dann reagierten Bereiche des „emotionalen Gehirns" der Amygdala, die auch bei Angst aktiviert werden. Waren die Gesichter in einem positiven Kontext erstmals gesehen worden, dann reagierten Gehirnzellen, die auf „sympathische" Reize spezialisiert sind.

Widersprüche

Ein Letztes noch schnell, bevor wir starten. Da Körpersprache sich immer erst nach Ablauf mehrerer Bewegungen in einer bestimmten Situation richtig interpretieren lässt, also immer nur im Zusammenhang, im Kontext mehrere Aspekte gedeutet werden kann, solltest Du nicht vorschnell Deine Schlüsse ziehen. Zwar bleibt eine geballte Faust immer eine geballte Faust, doch ob sie zum Schlag ausholt oder gerade verzweifelt versucht, den Schraubverschluss von einer Sprudelflasche aufzubekommen, das definiert erst der Kontext.

Manchmal aber findest Du auch etwas, das gerade aufgrund des Kontextes widersprüchlich, zumindest aber vieldeutig wirkt.

Nun wissen wir ja, dass unser Körper immer unsere Empfindungen ausdrückt. Genauso aber auch danach unsere mental-digitalen Wünsche und Bedürfnisse. Körpersprache entspricht daher immer unserem gesamten, inneren Geschehen und hat daher auch immer Recht. Körpersprache ist einfach stimmig. Auf allen Ebenen.

Daher erleben wir ab und an auch Menschen, die widersprüchlich zu wirken scheinen. Dieser Widerspruch entsteht aus dem Gegensatz von innerem Geschehen und unsere Welt antrainierter Glaubenssysteme, die einem den impulsiven und direkten Ausdruck verbieten. So küsst man einfach nicht spontan und auf der Stelle diese eine, wunderschöne Frau, die einer Fata Morgana gleich, soeben an einem vorbeischwebte. Das tut man nun mal nicht. So kann es geschehen, dass man bewusst desinteressiert zur Seite schaut, gegen ein Schild rennt oder depressiv sein halbvolles Glas Bier beginnt zu hypnotisieren. Würde man nun ausschließlich auf diesen einen, kleinen Ausschnitt körpersprachlicher Information fokussieren und versuchen, diese zu interpretieren, dann läge man hundertprozentig daneben.

Widerspruchsbewegungen zeigen uns daher nicht nur an, wenn sich ein Mensch verstellt, sie können uns genauso auch einen Interessenskonflikt anzeigen, den unser Gesprächspartner gerade selbst versucht auszufechten. Sei daher achtsam, wenn Du Dich jetzt ans Werk machst, die ersten körpersprachlichen Informationen zu beobachten und auszuwerten, die Du bei der Begegnung mit einem Menschen bekommen (und selbst versenden) wirst.

Was der Gang über den Geher verrät

Fangen wir also von vorne an. Von ganz vorne.

Bevor wir uns die Hände reichen, in die Arme nehmen oder links und rechts einen Kuss auf die Wangen hauchen, müssen wir uns in irgendeiner Art und Weise aufeinander zu bewegen. In aller Regel verwenden wir dazu unsere Füße. Das klingt nun zwar etwas lächerlich, ich schätze aber mal, Du wirst Dir noch nie einen Gedanken darüber gemacht haben, wie wir denn gehen, wenn wir eben gehen, oder?

GRUNDLAGEN

Ich zumindest werde nie vergessen, wie ich einmal mit vierzehn Jahren oder so ein ziemlich blödes Gesicht gemacht habe, als mich mein Krankengymnast genau danach fragte: „Wie gehst Du, Eike?" „Na, wie soll ich schon gehen?", dachte es in mir. Ich gehe eben. Ein Fuß vor den anderen und fertig. Ok. Ich war noch ein pubertierender Grünschnabel. Heute würde mir bei so einer Frage sicherlich sofort die Warnleuchte für „hintertücksiche" Fangfragen aufblinken . Aber damals überraschte mich diese Frage nach einem so natürlichen und selbstverständlichen Bewegungsablauf wie dem Gehen.

So einfach, wie ich das damals verstanden hatte, habe auch ich meine eben gestellte Frage nicht gemeint. Sicher, wir setzen ein Fuß vor den anderen. Aber um was es geht, ist viel mehr: Wie genau machen wir das denn?

Gehen ist mehr, als einfach nur seine Biomasse voranzubewegen. Nicht nur, dass wir schleichen, schlurfen, hopsen, rennen, hinken, laufen, schwanken oder eben einfach gehen können, vor allem die Art und Weise, wie wir diese Bewegungsformen ausführen, ist eine ganz individuelle und vielsagende. Eben eine typisch nonverbale, körpersprachliche und damit unwillkürliche Ausdrucksweise unseres eigenen, unbewussten Systems.

Grundsätzlich ist es ist nicht ganz einfach – aber sicher möglich –, Einfluss auf diese uns meist unbewusste Sprache unseres Körpers zu nehmen. Dieser bewusste Einfluss beschränkt sich aber meistens auf unser Gesicht . Von früh an lernen wir, unsere Gesichtszüge weitgehend unter Kontrolle zu bringen. Wir lernen, wie man freundlich lächelt, wenn man innerlich kotzen könnte, wir lernen bei doofen Witzen mitzulachen oder ein bierernstes Gesicht zu machen, wenn wir in der Kirche dem Pfarrer zu folgen versuchen (oder zumindest so tun als ob – glaube mir, ich weiß, wovon ich spreche!).

Doch diese Kontrolle hört schnell auf, wenn es um den Rest unseres Körpers geht. Meist endet unsere Bewusstheit dort, wo bei vielen Menschen der Hals beginnt. Zehn Zentimeter unter der Nase beginnt sozusagen schon die weite Welt der nicht beeinträchtigten, authentischen Körpersprache. Zumindest bei den meisten Menschen, die Du treffen wirst. Hier spricht unser Körper, wie er will. Wie es eben zu ihm passt. Und „passen" meine ich hier wortwörtlich.

Innerer und äußerler Ausdruck sind zwei Seiten ein und desselben Systems. Und über Systeme habe ich Dir ja nun schon ziemlich oft erzählt, dass diese immer ins Gleichgewicht drängen. Immer die Homöostase suchen. Es muss also immer passen. Dieses Innen und Außen. Sonst würde es sich einfach furchtbar anfühlen. Daher ist Körpersprache meist ein völlig passender äußerlicher Ausdruck der inneren Erlebniswelt. Ganz gleich, was da an Tönen, Phrasen oder Argumenten aus dem Mund unseres Gegenübers uns entgegenschwappt. Die Kommunikationsangebote des Körpers lügen nie. Zumindest so lange nicht, bis sie mutwillig und bewusst dazu gebracht werden. Somit ist auch unser Gang ein stets passender, körperlicher Ausdruck unseres aktuell vorherrschenden Innenlebens, und dieses drückt sich meist völlig unbehelligt von der willentlichen Kontrolle aus, wie es eben aktuell passt. So werden wir zappelig, wenn wir uns unter Druck fühlen. Schleichen vorsichtig um das Objekt unserer Begierde herum, wenn wir unsicher sind. Oder ganz platt: torkeln, wenn wir zu tief ins Glas geschaut haben.

Noch ganz kurz einen interessanten Aspekt am Rande erwähnt: Es gibt Menschen, ernstzunehmende, promovierte Leistungsträger der Gesellschaft, die behaupten, dass auch ein körperliches Symptom, wie eine Grippe, ein Hautausschlag oder eine Herzattacke, zur Sprache unseres Körpers gehört. Diese besondere Art und Weise unseres Körpers, sich zu Wort zu melden, nennen diese dann: Psychosomatik. Das Wort setzt sich im Übrigen aus zwei griechischen Worten zusammen und bedeutet sinngemäß so viel wie: „Der Ausdruck unserer Lebendigkeit durch den Körper". So hält man sich mit einem Husten die Menschen auf Abstand, mit einem Schnupfen muss man niemanden mehr riechen können oder wenn einem was auf den Magen schlägt, dann ... Na, das kannst Du Dir ja selbst vorstellen.

Die Phasen des Ganges

Aber zurück zu unserem Gang. Wenn man sich den Gang eines Menschen genau anschaut, stellen wir fest, dass er sich aus drei Phasen zusammensetzt: (1) Wir heben unseren Fuß, (2) balancieren ein kurzes Weilchen mit einem Bein in der Luft, um den anderen Fuß nach vorne zu tragen, und (3) setzen schlussendlich den Fuß wieder ab.

Da gibt es Menschen, bei denen man sich fragt, wie sie überhaupt von der Stelle kommen. Ihr Fuß hebt sich kaum weit genug vom Boden ab, um ihn einen Schritt weiter zu setzen. Würde dieser Mensch sein Tempo beim Gehen (noch mehr) drosseln, würden wir seinen Gang als schlurfen bezeichnen. Ganz offensichtlich haben diese Art von Bewegungsakrobaten wohl noch nicht ganz ihren Frieden mit dem Fortbewegen überhaupt gefunden. Sie haben es offensichtlich schwer. Man könnte ganz unweigerlich mutmaßen, dass Schwere und Probleme in deren Leben, das alles, was sie sich so zu Herzen nehmen, sich auch unweigerlich in dieser Art Gang ausdrückt. Diese Art von Gehen könnte man daher als Anhaltspunkt nehmen, zu spekulieren, ob jener Gruppe wohl grundsätzlich sich immer alles Mögliche recht schnell und sehr nahe zu Herzen nimmt und damit unweigerlich geneigt ist, sich die meiste Zeit um sich selbst zu drehen. Wer sich so über den Boden schiebt, der errichtet auf jeden Fall künstliche Hindernisse. Es ist fast so, als ob diese Sorte Menschen stets nach einer Ausrede suchen, sich nicht fortbewegen zu müssen, etwas nicht tun zu wollen. Wenn diese Vermutung dann auch noch ein steil zu Boden gerichteter Blick unterstützt, wäre ich sehr auf ein Gespräch gespannt. Ob sich diese erste Vermutung dann wohl untermauern ließe? Ich zumindest würde nicht sonderlich viel Kreativität in diesem Gespräch erwarten noch Lösungsorientierung. Aber Körpersprache muss man ja immer in ihrem speziellen Kontext interpretieren. Es könnte daher auch gut sein, dass, sobald dieser Mensch seine polierten Business-Treter gegen Turnschuhe tauscht, die Welt schon wieder ganz anders aussieht. Womöglich ändert sich dann auch sein Gang.

Dem entgegengesetzt haben wir diese „Hupfdulen". Wenn diese Menschen zum Beispiel joggen, dann scheinen sie mit jedem Schritt derart zu federn, dass man schon Angst haben muss, dass sie gleich abheben. Diese heben ihren Fuß derart hoch in die Luft, dass sie zu schweben scheinen. Schaut man solchen Läufern zu, hinterlässt das unweigerlich ein Gefühl von Leichtigkeit und Lebensfreude. Meist ist dieser Federschritt auch noch recht schnell. In einem Gespräch würde ich hier dann zwar eher einen Visionär erwarten, einen Menschen, der gerne nach oben abhebt, schnell begeistern kann und begeistert ist und stets offen für neue Ideen, aber würde auch vermuten, dass ein Mensch, der sich so schnell voranbewegt, auch niemandem die Chance geben will, ihn zu kritisieren. Für Lob wäre er dann allerdings auch nicht erreichbar. Wer will schon solch einem Flitzer hinterherspurten? Aber im Endeffekt wäre ich auch hier gespannt, was passiert, sobald sich der Kontext ändert, die Turnschuhe gegen die Alltagstreter getauscht werden oder der schicke Anzug gegen eine Badehose.

Nun haben wir eine ganz grobe Unterscheidung, wie Menschen ihr Bein anheben, um ihren Fuß ein Weilchen lang in der Luft zu balancieren. Jetzt stellt sich die nächste Frage: Wie schnell wird der Fuß wohl wieder Gottes Erdboden berühren und welche Strecke wird er dabei zurücklegen?

Ganz grob unterscheidet man auch hier zwei Varianten: (1) Menschen, die ihren Fuß recht lange in der Luft lassen, und die anderen (2), die ihn, kaum gehoben, schon wieder aufgesetzt haben. Das Ergebnis wäre dann eher so etwas wie ein Trippelschritt. Frauen mit hohen Schuhen gehen zum Beispiel so. Geht ja auch kaum anders. Wenn sie dann auch noch laufend ihr Umfeld scannen, scheinbar nur schwer ihre Aufmerksamkeit mal länger an einer Stelle halten können und zudem noch mit Armen und Händen rumzappeln, würde ich in einem Gespräch eher einen oberflächlichen Menschen erwarten. Wenn es denn überhaupt zu einem kommt. Die Aufmerksamkeit eines Menschen, der ständig geschäftig zu sein scheint, ist nur schwer zu erlangen.

Dem Gegenüber gibt es die Balancekünstler. Die schaffen es auf irgendeine Art und Weise, ihren Fuß länger als andere in der Luft halten zu können. Ihr Schritt wird daher etwas zögerlich, statisch könnte man

auch sagen. Wenn diese Menschen dann auch noch den Kopf und die Schulter hängen lassen und wieder zu Boden schauen, würde ich in einem Gespräch auf jeden Fall einen introvertierten Menschen erwarten. Auf keinen Fall einen Macher, der voller Elan die Initiative ergreift.

Man kann also zusammenfassen, dass ein ruhiger, ruhender Schritt aus dem Stand heraus entsteht. Das Standbein hebt sich, wird zum Schwungbein und sucht sich eine Distanz, in der es ohne Probleme wieder zum Standbein werden kann. Wenn die Distanz deutlich kleiner gewählt wird, wirkt es so, als ob man sich mit jedem Schritt vorsichtig und zögerlich in diese neue Realität hineintastet. Man sammelt deutlich mehr Details, macht so aber auch deutlich weniger Fehler. Vergreift man sich bei der Wahl der Distanz, ist auch die Balance gefährdet. Das eine Bein hat den sicheren Halt noch nicht gefunden und reißt schon das andere hinter sich her. Das sind eindeutig risikofreudige Lebemenschen. Details würden sie wahnsinnig machen.

Wer so seine für sich passende Schrittlänge gefunden hat, der muss unweigerlich irgendwann seinen Fuß auch wieder absetzen. Kommen wir also zur letzten Phase. Dem Auftreten. Wenn der Fuß nun mehr oder minder lang in der Luft balanciert wurde, muss er ja irgendwann wieder zurück auf die Sohle. Damals, als ich noch Chef einer zwanzigköpfigen Media-Agentur war und mit Mitte zwanzig selbst wirklich kaum Ahnung davon hatte, wie man eine solche Rappelbande zusammengehalten bekommt, hallte mein Schritt immer in voller Lautstärke auf dem kühlen Laminat. Um sicherzugehen, dass auch der letzte Praktikant aus seinem Alltagsschlaf erwachte, trug ich schwere, schwedische Klogs aus Holz, die den lauten „Bumms" noch unterstützen. Ganz ohne Frage wollte ich damit signalisieren: Achtung! Hier kommt der Chef. Ich bin wichtig. Ich pack alles an, was Du bei drei nicht weggeschafft hast. Ich bin ein „Tuer"! Wenn Du eine Schlafmütze bist, wird's gleich brenzlig. Bewusst war mir diese Gangphase allerdings nicht. Gewirkt hat sie aber allemal.

Auch bei Menschen, wie einem guten Freund von mir, die den ganzen Tag auf den Beinen sind und körperlich hart arbeiten, kann man diese Art von Gangphase beobachten. Solche Menschen sind in der Regel einfach gradlinige, bodenständige Schaffer. Wenn sie zudem ihren

Oberkörper noch leicht vorgebeugt haben und auch ansonsten völlig unverkrampft wirken, um mit festem, aber doch leichtfüßigem Schritt ihrem Ziel entgegenzueilen, dann hast Du so ein Exemplar vor Dir. Die Choleriker unter ihnen, die ebenso in der Gegend rumstampfen, wirst Du am verspannten Nacken, den geballten Fäusten und an einer eher grundsätzlich verkrampften Erscheinung ausmachen können. Denen geht man besser aus dem Weg.

Die „Schleicher" gibt es als Gegenbeispiel natürlich auch. Die Menschen, die es schaffen, sich unbemerkt an Dich heranzupirschen, dabei wie ein verschrecktes Kaninchen ihr Umfeld nach Gefahren abtasten und eher unsicher und unruhig wirken, werden nur selten mit den Stampfern Schritt halten können. Ihre ganze Erscheinung ist wie ihr Schritt eher kraftlos und unspektakulär.

Schmid-Egger und Krüll bieten in ihrer Arbeit zur Körpersprache an, nicht auf einzelne Merkmale der Körpersprache zu achten, sondern auf Signalketten. Eine solche Signalkette wäre dann gegeben, wenn Du beispielsweise einen Menschen beobachtest, der auf Dich zueilt mit: schnellem, entschlossenem Schritt; einem kräftigen Aufsetzen des Fußes; einem graden Blick, der beim Laufen auf Dich ausgerichtet ist; einem fest zupackenden Händedruck; und einer klaren, deutlichen Ansprache mit einer kräftigen Stimme und neutralem Blick. Dann ist absolut klar, Du hast einen dominanz-basierten Menschen vor Dir.

Wäre der Schritt ein wenig leichtfüßiger, nicht ganz so gradlinig, der Fuß würde nicht ganz so laut aufgesetzt, dafür aber deutlicher angehoben, so dass die ganze Erscheinung etwas leichter, flüssiger und runder wirken würde, und wenn dann dieser Mensch zur Krönung Dich auch noch anlächeln würde, dann wäre klar, Du hast einen stimulanz- und gefühlsbetonten Typ vor der Nase.

Ganz anders aber der balanceorientierte, selbstsichere Typ. Diesen würdest Du an seinem langsamen Schritt, dem leisen Aufsetzen seines Fußes, einem abweichenden Blick, schwachem Händedruck und einer leisen, undeutlichen Ansprache erkennen. Sein Gesicht wäre eher neutral. Wenn sich doch eine Emotion darin regen würde, wäre sie auf jeden Fall verhalten.

Inkongruenzen

Das wären jetzt einmal so die Daumenregeln, wie sie vor allem Schmid-Egger & Krüll empfehlen. Doch besonders spannend wird es, wenn Du Abweichungen von diesen Regeln, von Deinem Gesamteindruck bekommst. Wenn plötzlich eine zierlich wirkende Erscheinung, die sanft vor sich hintrippelnd Dir zur Begrüßung beinahe die Hand zerquetscht, oder bei einem Hulk von Erscheinung Dir nur ein nasser Waschlappen zur Begrüßung in die Hand gelegt wird. Dann hast Du eine Inkongruenz entdeckt. Unterschiedliche Informationen zu einem bestimmten Eindruck machen mich zumindest immer neugierig. Es kann stets ein Hinweis darauf sein, dass die Person Dir gegenüber gerade mit sich selbst nicht ganz so im Klaren ist. Man kann vermuten, dass hier ein Mensch nicht ganz bei sich steht, nicht ganz sein Potential lebt oder einfach mit gravierenden inneren Dialogen und dem Wälzen von Problemen beschäftigt ist. Eines ist auf jeden Fall dann klar, nur mit dem falschen Fuß ist diese Person dann heute Morgen nicht aufgestanden. Da ist schon mehr im Busch.

So viel einmal vorab zum Thema Gang. Die Gangphasen sind von allen körpersprachlichen Spielvarianten womöglich noch die unspektakulärsten Ausdrucksformen. Vieles erklärt sich mit ein bisschen gesundem Menschenverstand – wenn er denn gerade aktiv eingeschaltet und zugegen ist. Wenn Du jedoch bewusst Zeit darauf investierst, Dir Menschen und ihre individuellen Varianten beim Gehen einmal bewusst zu machen, wirst Du es zukünftig leicht haben, Dir diese Informationen auch dann bewusst zugänglich zu machen, wenn Du sie brauchst.

Ideen für die Praxis

Du kannst mit dem Thema Gang und seinem körpersprachlichen Ausdruck aber auch hervorragend selbst experimentieren. Das Einzige, was Du dazu brauchst, ist ein verkaufsoffenes Wochenende und eine volle Fußgängerzone. Das war es auch schon. Dann kann es auch schon losgehen. Spiele mal mit den Gangvarianten:

(1) Senke Deinen Blick, lass Deine Schultern hängen und zieh deine Brust ein. Dann versuche einmal im würdigen „Schlurfi-Schritt" Dir Deinen Weg durch die Menschenmassen zu bahnen.

(2) Jetzt mach genau das Gegenteil. Brust raus. Becken vorgestellt. Rücken durchgestreckt. Augen geradeaus – am besten schon fast starr – und ab geht's im Stechschritt. Ja nicht bremsen. Peile Dein Ziel an und marschiere unerschrocken darauf los. Ignoriere, was links und rechts und um Dich herum geschieht. Nur noch Du und Dein Ziel zählen. Nichts anderes mehr.

(3) Und zuletzt die Variante für Profis. Beginne wie (2), nur jetzt interagiere mit Deinem Umfeld. Schau die Menschen freundlich an, nimm Kontakt auf, verbinde Dich, aber lass Dich nicht von Deinem Zielpunkt abbringen.

Was kannst Du beobachten? Was erlebst Du bei diesen Gang-Varianten? Weichen Dir die Menschen aus oder musst Du ausweichen? Wie fühlst Du Dich bei diesen Varianten? Welchen Eindruck machst Du wohl auf die Passanten? Welchen Eindruck die Passanten auf Dich?

Wenn Du achtsam und wachsam immer wieder bei allen möglichen Gelegenheiten mit Deiner Wirkung alleine durch Deinen Gang spielst, bekommst Du schnell feine Antennen dafür, den Gang anderer Menschen wahrzunehmen und auch zu verstehen, welche innere Gemütshaltung der Gang anderer wohl ausdrücken mag.

Schauen wir, wie es weitergeht mit diesen Augenblicken einer Begegnung, die den ersten Eindruck so nachhaltig zu prägen vermögen.

Distanz-Zonen

Einfach über die Grenzen eines anderen trampeln, das kommt nicht gut. Und das gilt nicht nur für heikle Themen oder emotionale Empfindlichkeiten. Das ist vor allem auch ganz praktisch gemeint. Den Raum eines anderen zu achten, ist eine grundlegende Spielregel der sozialen Interaktion. Meist befolgen wir diese Spielregeln ganz von selbst und auch ohne große Anstrengung. Während unserer Sozialisation haben wir bereits ja schon eine Menge über dieses „Nähe-Distanz-Spiel" gelernt und wissen eigentlich auch, es zu achten. Spannend daher, einmal genau hinzuschauen, wie in diesem nächsten, kurzen Augenblick unsere Sozialkontakte diesen Tanz zwischen Nähe und Distanz für sich interpretieren und umsetzen.

Intime Distanzzone

Als erste Variante hätten wir da die sogenannte „Intime Distanz". Diese erstreckt sich von der direkten körperlichen Berührung bis hin zu einer Entfernung von ca. 60 Zentimetern. In dieser Zone fühlen wir uns in der Regel nur mit Menschen wohl, die uns vertraut sind. Sehr vertraut sogar. Sonst lässt man hier eher keinen rein. Wird diese Zone von Fremden ungefragt verletzt, löst das sofort Unbehagen aus. Unsere Amygdala springt an und entscheidet sofort, ob es eine saftige Ohrfeige schallt, doch nochmal deutlich der Eindringling auf Armlänge von sich geschoben oder ob die Flucht angetreten wird.

Es ist daher eher unwahrscheinlich, dass ein fremder Sozialpartner in diesem zweiten Augenblick des Kennenlernens Dich derart nahe an sich heranzieht. Diese Nähe meint jetzt nicht irgendeine Art flüchtigen Begrüßungsrituals. Zu denen kommen wir gleich. Jemanden in seine intime Distanzzone hineinzunehmen, meint schon eine klare, andauernde Aufforderung, die über drei Sekunden hinausgeht.

Individuelle Distanzzone

Es ist schon wahrscheinlicher, dass Dich Dein neuer Kontakt in einer Entfernung von 60 Zentimetern bis 150 Zentimetern begrüßen wird. Das ist bei den meisten Menschen in etwa die normale Gesprächsdistanz. Wenn Du in diese Zone aufgenommen wirst, sagt das etwas über den Bekanntheits- oder Sympathiegrad aus.

Jetzt gibt es aber auch noch Situationen, in denen man gar nicht anders kann, als ungefragt diese Zone zu verletzen. In einer überfüllten Straßenbahn zum Beispiel oder im Gedränge in einer Schlange. Hier entsteht dann ein recht eigenartiges Phänomen. Aus der Zwickmühle heraus, die aus der Abwehrreaktion unserer Amygdala und der Unvermeidbarkeit der Situation entsteht, verdampfen wir den Eindringling zu einer nicht existierenden Person. Man beginnt irgendeinen Punkt anzustarren, spannt die Muskeln an und vermeidet auf jeden Fall Blickkontakt. Dieses Ausweichverhalten ist mit Sicherheit kulturell geprägt und sozialisiert, für unsere europäischen Verhältnisse jedoch ganz normal. Kommen wir uns hingegen nur seitlich näher, sind also durch unser Schultern und Arme noch geschützt, empfinden wir eine Verletzung unserer individuellen Distanzzone nicht ganz so dramatisch. Schulter an Schulter signalisieren eher solidarisches Verhalten, nicht Konfrontation. So führen wir auch gerne persönliche Gespräche oder verbrüdern uns kumpelhaft. Auf jeden Fall fühlen wir uns nicht gleich bedrängt.

In dieser Zone kommt aber auch noch ein ganz anderer Aspekt nonverbaler Kommunikation zum Tragen: die „olfaktorische Kommunikation". Treten wir in diesen Raum ein, werden auch körpereigene Geruchsstoffe (Pheromonen) an Bedeutung gewinnen. Ob ich jemanden riechen kann oder nicht, beeinflusst Sympathie und Antipathie ganz immens. Frauen sind in der Zeit kurz vor dem Eisprung sogar ganz besonders anfällig für die männlichen Geruchsstoffe. Gerüche können aber auch als Anker wirken und Erinnerungen wieder aktivieren. Da unser Geruchsgedächtnis stark mit dem Gedächtnis für Gefühle verknüpft ist, können so blitzschnell Gedächtnisinhalte wieder reaktiviert werden, deren man sich ansonsten niemals wieder bewusst erinnert hätte.

Soziale Distanzzone

Wird Dir Deine neue Bekanntschaft nur aus der Ferne, um genauer zu sein, aus einer Distanz von ca. 150 Zentimetern bis 400 Zentimetern flüchtig zuwinken, dann ist das der Raum, den man auch gesellschaftliche oder soziale Distanzzone nennt. Diese Entfernung schließt völlig aus, dass man sich berührt. Es ist eine geschützte Zone. Man kann sich auch als Fremder gefahrlos in diesem Raum bewegen, ohne damit rechnen zu müssen, gleich jemandem auf die Füße zu treten. Gemäß dieser Zone entscheiden sich auch leitende Angestellte für die Dimensionen ihres Schreibtisches, führt man Verhandlungen unter Geschäftsleuten oder klärt unangenehme Behördengänge. Tritt man in diesen Raum, wird man auf jeden Fall bemerkt und entweder eingeladen, sich weiter zu nähern, oder wird in eine noch größere Distanz verscheucht, in den sogenannten öffentlichen Distanzraum.

Öffentliche Distanzzone

Nur der Vollständigkeit halber, die öffentliche Distanzzone ist also der Raum, der ab vier Metern Distanz definiert wird. Eine klassische Strecke für Redner, Lehrer oder Politiker. Das ist ein absolut unpersönlicher Raum, in ihm ist keinerlei soziales Miteinander mehr möglich.

Der Stand

Standpunkte und was sie über uns verraten

Nun sind wir also aufeinander zu gekommen, haben Nähe und Distanz ausgehandelt und stehen jetzt voreinander. Zumindest ist dies das innere Bild, bei dem ich nun unseren kleinen Film über die ersten drei Augenblicke anhalte. Selbstverständlich sagt auch dieses Arrangement etwas über unsere innere Wirklichkeit aus, die wir zumindest verbal nicht unbedingt sofort zum Besten geben würden.

Das Erste, auf was wir achten können, ist der Stand an sich. Stehen wir oder unser Gegenüber mit beiden Beinen fest auf dem Boden? Oder wechseln wir dauernd von einem Bein auf das andere und zappeln rum?

Einen richtigen, stabilen und festen Stand einnehmen bedeutet vor allem, dass unsere Füße festen Bodenkontakt haben. Stabil auf dem Untergrund stehen, aber ohne dabei zu verkrampfen. Alle Gelenke oberhalb unserer Fußsohlen sollten dabei locker bleiben, die Energie sozusagen nach oben lenken und einen aufrechten Stand ermöglichen, eben nicht schon alle Energie selbst verbrauchen. Stabil zu stehen gibt dem Körper Ruhe. Bewegungen sind langsam, Raum einnehmend und erhaben. Sie vermitteln Souveränität und Dominanz. Hier steht jemand. In erster Linie für sich. Das ist der Eindruck, den wir gewinnen, und auch das Körperfühle, das wir bekommen, wenn wir stabil auf unseren Füßen, sicher auf dem Boden stehen.

Zappel-Filipp

Jemand, der dem entgegen nun dauernd von einem Bein auf das andere wechselt, wirkt unstetig und zappelig auf uns. Menschen, die sozusagen ihren Standpunkt nicht finden, sind womöglich mitten dabei, eine Entscheidung zwischen Flucht oder Kampf zu fällen. Für beide Reaktionen wäre ein fester Standpunkt eher hinderlich. Wenn man es gewohnt ist, auch im Alltag sich eher ungern Problemen zu stellen, Konfrontationen lieber aus dem Weg geht oder sich auch sonst nur ungern festlegen lässt (um ja keine Angriffsfläche zu bieten), der wird auch bei seinem Stand darauf achten, möglichst wenig Boden zu berühren. Auch Menschen, die sich lieber in ihren Phantasie- und Wunschwelten aufhalten, suchen mit ihrem Stand nicht unbedingt die maximale Stabilität. Sie laufen lieber wie auf Eiern und ziehen möglichst wenig Kontakt zum Boden und damit zur Realität vor.

Cowboy

Eine gute Ausgangsbasis wäre also demnach, mit beiden Beinen stabil, etwa beckenbreit, auf dem Boden zu stehen. Zu breit signalisiert schon wieder Verteidigung oder Kampf und erschwert die weiche Flexibilität, auch mal seinen Standpunkt zu wechseln. Ein Seebär, aber vor allem Cowboys, eben richtig harte Jungs, oder auch Machos stehen breitbeinig. Sie brauchen viel Platz für sich, um ihre Überlegenheit zu demonstrieren. Sie wollen imponieren. Die Hände in die Hüften gestemmt, Kinn leicht nach oben, so stehen sie meist im Weg rum. Ein guter Stand, um jeglichen Beziehungsaufbau im Keim schon zu ersticken. Dabei ist heutzutage, ein paar Wochen weiter in der Evolution, ein derart platzvernichtender Stand gar nicht mehr nötig. Statussymbole übernehmen hervorragend die gleiche Funktion.

Da Körpersprache ja immer nur im Kontext von Zeichenfolgen halbwegs richtig interpretiert werden kann, hier mal eine Variante. Steht unser Cowboy zum Beispiel nun nicht mit Händen in der Hüfte und hochgestrecktem Kopf da, sondern ganz im Gegenteil mit leicht gesenktem Blick und den Händen schützend vor den Bauch, dann ist unser Cowboy plötzlich unsicher. Er versucht seine Unsicherheit durch den Stand sozusagen wieder in Balance, zurück in die Homöostase zu bringen. Breitbeinig bekommt er mehr Halt und damit mehr Sicherheit. Er fühlt sich in diesem Moment definitiv nicht so ganz wohl in seiner Haut. Doch ein Angsthase ist er damit bei Weitem noch nicht. Es ist ein kontextbezogenes Erleben. Es wird nicht lange dauern, dann hat er sie zurück, seine Sicherheit, und wird sich wieder aufblasen.

Schmid-Egger und Krüll warnen davor, sich bei Präsentationen, ob auf der Bühne oder vor einem Flip-Chart, breitbeinig zu präsentieren. Das wirkt einfach unsympathisch. Es macht im Extremfall sogar Angst. Menschen werden Dich eher meiden, als offenherzig auf Dich zukommen. Vertrauen schafft man mit so einem Auftritt eben keines.

Strammer Max

Das genaue Gegenteil von unserem Cowboy ist der stramme, militärisch exakte Stand. Hacken zusammen, Brust raus, Fußspitzen geradeaus. Das bedeutet nicht nur beim Militär: „Befiehl mir, ich bin bereit zu tun, was DU verlangst!" Diese enge Beinhaltung findet man auch recht häufig im Alltag wieder. Ob das Kellner sind, die die Bestellung aufnehmen, oder Mitarbeiter, die sich das Diktat vom Chef versuchen zu merken. In diesem Stand nimmst Du nahezu den wenigsten Platz ein, den man so stehend einnehmen kann. Hier stehen alle Zeichen auf Deeskalation, auf Hörigkeit. Bei den Asiaten sieht man daher diese Haltung noch verstärkt, indem sie mit einer Verbeugung kombiniert wird. So ist das Thema Rangordnung ein für alle Mal geklärt.

Kreuz und Quer

Nur Frauen schaffen es, diese Haltung noch zu toppen. Also gut, zumindest in der Regel schaffen es nur Frauen. Männer sind schlicht nicht so gelenkig. Eine weiterführende Variante wäre nämlich, zudem noch die Beine zu überkreuzen. Du kennst diese Haltung vom klassischen „Pipi-Mann" bei Kleinkindern. Bei Erwachsenen ist dabei aber keine Notdurft gemeint, hier wird sich schlicht noch einmal mehr zusammengefaltet. Weniger Raum kann man gar nicht für seinen Stand nutzen, als mit überkreuzten Beinen. Verstärken kann man diese Unterwürfigkeit dann noch mit einem gesenkten Blick, ebenso eng anliegenden und überkreuzten Armen (meist schützend vor dem Bauch) und hängenden Schultern.

Wir Menschen nehmen so eine Stellung gerne ein, wenn uns zum Beispiel etwas peinlich ist, wenn wir uns eingeschüchtert, ängstlich und unsicher fühlen. Das provoziert dann in der Regel den Gegenüber erst so richtig. Wechselwirkend rückbezüglich eben. Der Kreislauf beginnt sich zu drehen.

Wechseln wir aber wieder den Kontext und lehnen unseren imaginären Probanden entspannt gegen einen Baum, dann können wir diese Körperhaltung auch finden. Nur eben nicht mit gesenktem Blick und hängenden Schultern. Auch im „Relax-Modus" verlagern wir gerne unser Gewicht auf ein Bein und überkreuzen das andere irgendwie. Alle weitere Signale werden dann aber in dieser Kette fehlen.

Spitzfindigkeiten

Treiben wir es mal auf die Spitze (welch ein Wortspiel). Schauen wir uns an, was die Fußspitzen uns verraten können.

Hat unser Gegenüber nun seinen Stand gefunden und wir bemerken, dass seine Fußspitze nach außen zeigt, dann kann man generell sagen, dass Du gerade einen Menschen vor Dir hast, der gerne auch mal Umwege geht, stets weitere Informationen sucht (und braucht). Ein Mensch eben, der nicht unbedingt zielstrebig und gradlinig auf das Objekt seiner Begierde lossteuert. Dieser Mensch glaubt eben, er käme leichter an sein Ziel, wenn er zuerst noch diese oder jene Station abläuft, eine Runde mehr im Supermarkt dreht oder gerne noch eine nächste WebSite besucht, um den besten Preis zu finden.

Zeigt hingegen die Fußspitze nach innen, dann wirkt sie eher wie eine Bremse. Auch wenn der Rest dieser Erscheinung völlig aufgeschlossen wirkt, so wird dieser Mensch wahrscheinlich nur schwer den ersten Schritt auch gehen, wenn es so weit ist. Das ist dann ein Zauderer. Ein Zögerer. Im Extremfall ein Introvertierter – zumindest wenn er auch noch die Brust verschließt und in sich zusammenfällt.

Nun kannst Du auch noch darauf achten, welches Bein Du oder Dein Gegenüber als Standbein nutzt. Grundsätzlich sagt man, wer auf seinem linken Bein steht, der wird in diesem Moment mehr auf sein Gefühl hören, wer hingegen sein rechtes Bein nutzt, ist eher von der Ratio, dem Kalkül bestimmt. Das sind nun keine in Granit gemauerten Thesen. Ganz im Gegenteil. Du wirst während eines Gespräches beobachten können, das man gerne auch mal das Bein wechselt. Um einen neuen Standpunkt zu finden, ist das ja auch eine sinnvolle Sache. Man wägt sozusagen ab. Man pendelt mal hier hin, mal da hin, um seine neue Stellung zu finden. Geschieht dieses Pendeln jedoch zu hektisch, zu schnell, dann hat das wieder eher was mit Flucht zu tun. Man will sich nicht festlegen. Man kann sich zwischen Analyse und Empfindung nicht entscheiden.

Und ein letzter Aspekt kommt noch hinzu. Es ist auch spannend zu beobachten, wo ein Mensch seine Balance etabliert. Findet er diese, indem er eher auf den Fersen steht? Oder mehr auf dem Fußballen? Man sagt, wer sich zurück auf den Fersen ausbalanciert, der ist eher etwas „zurück-genommen", etwas reservierter. Das ist auch logisch. Will man sich in dieser Stellung wieder nach vorne bewegen, wird das nur mit Verzögerung funktionieren. Immerhin muss ja erst einmal der ganze

Körper wieder in Schwung gebracht werden. Menschen, die sich lieber ein Stück weit zurücknehmen, riskieren nicht gerne. Sie brauchen etwas Abstand und den Überblick.

Ganz gegensätzlich nun derjenige, der dauernd auf den Fußballen wippt. Bei diesem Menschen kannst Du Dich auf schnelle, spontane Reaktionen freuen. Bei jedem noch so kleinen Impuls ist die ganze Bewegungsrichtung stets nach vorne ausgerichtet.

Die Magie eines Handschlags

Wechseln wir mal den Schauplatz. Hast Du Dir schon einmal Gedanken darüber gemacht, was passiert, wenn Du einen Menschen begrüßt? Was passiert, wenn sich zwei Menschen scheinbar bedeutungslos die Hand zum Gruße reichen? Wahrscheinlich eher nicht. Es wird Dich jetzt sicherlich nicht verwundern, wenn ich Dir sage, dass wir bereits bei der Begrüßung damit beginnen, einander zu programmieren. Ist Dir schon einmal aufgefallen welch unterschiedliche Arten es gibt, sich die Hand zu schütteln? Gerade Geschäftsmänner und Politiker werden in dieser Technik geschult. Schütteln wir beispielsweise jemandem die Hand und drehen dabei unseren Handrücken nach oben, dominieren wir automatisch das Gespräch. Wir machen den Anderen damit klein und zeigen unsere Stärke. Tun wir das Gleiche nur anders herum, machen wir uns hingegen klein und geben dem Anderen die Führung. Nicht nötig? Du willst Dich nicht kleinmachen? Bedenke, auch diese Taktik hat ihre Vorteile. Gerade bei der Begrüßung einer heißbegehrten Dame könnte diese Begrüßungsform mehr als angebracht sein. Es kommt nicht so gut, ihr im ersten Moment gleich mit Dominanz zu begegnen. Frauen mögen zwar zeitweise dominante Männer, aber sie mögen keine, die sie in ihrer Beziehung andauernd und schon gar nicht bereits bei der Begrüßung dominieren. Wenn wir uns hier körpersprachlich unterordnen, demonstrieren wir bereits ein kleines Stück Vertrauen. Nicht umsonst gibt es den ehrenvollen Handkuss seit Hunderten von Jahren. Eine Geste der bedingten Unterwerfung. Mit dieser kleinen, bewusst genutzten Geste

sind wir schnell einen riesen Schritt unseren möglichen Nebenbuhlern voraus.

Was hat das Händeschütteln und das Sich-Zuprosten also nun miteinander gemein? Beide Rituale wurden einmal in grauer Vorzeit von unseren Vorfahren dazu entwickelt, seinem Gegenüber zu beweisen, dass man unbewaffnet und in friedlicher Absicht gekommen war. Beim schwungvollen Anschlag der Becher schwappte etwas vom dem einen in den anderen und man konnte sich sicher sein, diese beiden Becher waren nicht vergiftet.

Etwas Ähnliches sollte auch der Handschlag zeigen. Der offene Handschlag, zu dem man im Übrigen immer beide Hände zeigte und damit ganz offensichtlich machte, dass man keine Waffe hinter dem Rücken verbarg, diente als Begrüßungsritual der gleichen Idee. Und in gleicher Weise tut er dies ja bis heute noch. Versteckt man bei der Begrüßung eine Hand hinter seinem Rücken, ist man entweder ein Butler und macht auf ganz vornehm oder es wird schlicht als unaufrichtig wahrgenommen. Wie damals eben.

Manche Forscher gehen bei diesen Ritualen sogar noch ein Stück weiter. Sie vermuten, dass auch die rituelle Umarmung dem Zweck diente, sein Gegenüber unauffällig nach Waffen abzusuchen. Aber so viel Missgunst muss man heutzutage vielleicht nicht mehr vermuten, wenn man sich mit Freunden, Kollegen oder Kunden trifft. Zu vermuten gibt es jedoch eine ganze Menge Anderes, und das schon, bevor die Hände sich zum Gruße reichen.

Was lässt sich zum Beispiel vermuten, wenn wir uns die Art und Weise, wie wir aufeinander zu gehen, anschauen? Was verrät uns der Schritt über den Schreiter? Was das Tempo über den Schrittmacher? Wie der Gang über den Geher? Oder was lässt sich vermuten, wenn wir uns ganz genau einmal anschauen, wie wir einander die Hand reichen? Wird man am ausgetreckten Arm verhungern? Oder fühlt sich eher gleich ganz „verein-arm-t"? Krachen die Knochen, wenn die Hände sich umschließen? Oder hat man das Gefühl, des Gebers Hand flutscht wie ein kalter Fisch einem im nächsten Moment wieder aus der Gleichen?

Du siehst, wenn man dieses Alltagsritual auf Zeitlupe auszubremsen beginnt, kommen eine ganze Menge Informationen an die Oberfläche, die sonst nur Deinem Unbewussten vorbehalten bleiben. Lass uns in diesem Arbeitsheft genau hinschauen, wie viel an Botschaft schon in unserer Begrüßung liegt oder was wir über unseren Gesprächspartner mutmaßen können, bevor er noch den ersten Satz gesprochen hat (oder wir ihn gegooglet haben). Lass uns also genau hinschauen, was wir an Informationen in diesen ersten Momenten bekommen und wie wir Informationen in genau gleicher, subtiler und nonverbaler Art und Weise kommunizieren können, bevor uns noch irgendwer danach fragt.

Die erste Berührung und wie tief sie geht

Wir haben uns also angenähert, unseren Standpunkt ca. eine Armlänge voneinander eingenommen und sind bereit für das Begrüßungsritual. Zumindest hier in Kontinentaleuropa schütteln wir uns dazu die Hände. Wie eingangs ja schon erwähnt, ist dieses Ritual wohl einmal daraus entstanden, seinem Gegenüber zu demonstrieren, dass man in Frieden und ohne Waffen kommt. Ein Ritual, das Ausgrabungen in Griechenland aus dem fünften Jahrhundert v. Chr. schon belegen. Da man nun aber, zumindest seit den vergangenen Jahrhunderten, mehr und mehr davon ausgehen kann, dass ein Fremder zur Begrüßung einem nicht gleich mit seiner Streitaxt eins über die Mütze zieht, konnte auch der Handschlag sich weiterentwickeln. Heute ist er der Höhepunkt zwischenmenschlichen Kennenlernens, gehört zum ersten Eindruck wie die Butter aufs Croissant. Und verrät mehr über die charakterlichen Eigenschaften, als einem lieb sein könnte.

Doch so einfach, sich mit einem Handschlag in einer Art zu begrüßen, dass ein angenehmer, erster Eindruck entsteht, scheint es nicht zu sein. Zumindest fand dies der große US-Autobauer Chevrolet und gab im Jahr 2000 eine Studie in Auftrag, die dem perfekten Handschlag auf die Spur kommen sollte. Dieser Studie nahmen sich die Forscher William Chaplin und seine Kollegen an. Immerhin – mal ganz grob

hochgerechnet – geben wir Menschen uns ja rund 15.000-mal in einem Leben die Hand. Nicht nur zur Begrüßung. Auch Verträge werden so besiegelt und Staatsabkommen in die Wege geleitet. Was die Forscher nun herausfanden, bestätigte die allgemein hin bereits bekannte Regel: Ein Händedruck sollte fest, vital, anhaltend, mit ganzer Hand gegeben sein und man sollte dabei Augenkontakt halten.

Das war dem britischen Forscher, Professor Geoffrey Beattie von der Universität von Manchester, nun wohl noch zu schwammig. Er entwickelte für den perfekten Handschlag gleich eine ganze Formel. Hier ist sie.

$$PH = \sqrt{(e2 + ve2)(d2)} + (cg + dr)2 + \pi\{(4{<}s{>}2)(4{<}p{>}2)\}2 + (vi + t + te)2 + \{(4{<}c{>}2)(4{<}du{>}2)\}2$$

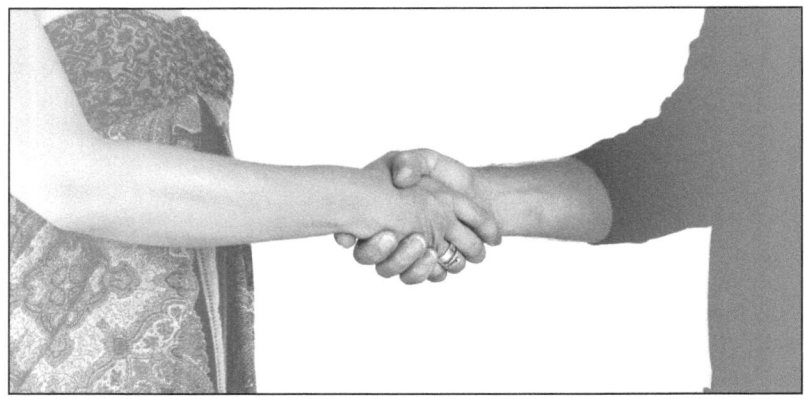

Was man so alles normieren kann. Das hier wäre in etwa so der normierte, kontinental-europäische und gleichberechtigte Handschlag. Egal ob gleich- oder gegengeschlechtlich. Eine Armlänge Distanz, angewinkelt, sich voll umgreifende Hände bei moderatem Druck, für etwa drei Sekunden. Das war es auch schon.

Von dieser Formel leitete er nun zwölf Grundregeln für den perfekten Handschlag ab. Diese Regeln könnte man in etwa wie folgt zusammenfassen. Beattie empfiehlt: Gib Deinem Gegenüber Deine rechte Hand und greife fest zu. Aber nicht zu fest. Die Handfläche sollte kühl

und trocken sein. Idealerweise treffen sich beide Hände auf halber Höhe und werden dann drei Mal geschüttelt, nicht länger als drei Sekunden. Ganz wichtig: Schaue dabei Deinem Gegenüber in die Augen, nicht auf die Hand, und lächle ganz natürlich etwas dazu.

Alles was von dieser „Norm" nun abweicht, verrät uns im Besonderen nun ebenso abweichende charakterliche Eigenschaften unseres Gegenübers. Wenn die Wissenschaft uns für diese „Handschlag-Norm" nun erklärt, dass unser Gegenüber mit solch einem vitalen, festen Handschlag eher extrovertiert und neugierig auf neue Erfahrungen ist, dann sind Sozialkontakte mit einem laschen Händedruck eher schüchtern und neurotisch. Wenn man es noch auf die Spitze treiben will, dann kann man noch bemerken, dass das Forscherteam ebenso herausfand, dass aufgeschlossene Männer mit ein bisschen weniger Energie zudrückten als verschlossene. Da gibt es im Übrigen keinen Unterschied zwischen den Geschlechtern. All das Gesagte gilt für Frauen in gleicher Weise.

Wie mächtig ein Handschlag den ersten Eindruck beeinflusst, zeigt vielleicht auch diese nette Geschichte. Im Jahre 2004 ging es für den australischen Premierminister John Howard ums Überleben. Das Vertrauen der Öffentlichkeit hatte er schon lange verloren, als dann auch noch der politische Neuling, Mark Latham, ihm das Leben schwer machte. Es sah nicht gut für den Premier aus. Ein paar Tage vor der Wahl kam es zu einem alles entscheidenden Aufeinandertreffen. Der Herausforderer kam im schwungvollen Schritt auf Howard zu, reichte ihm die Hand, zog ihn an sich heran, starrte ihm in die Augen und schüttelte seine Hand in einer derart aggressiven Art und Weise, dass es einem Angst und Bange werden konnte. Nicht nur dank des Fernsehens, auch dank den neuen Medien verbreitete sich dieser Augenblick derart rasch in der viralen Welt, dass bald jeder Wahlberechtigte Australiens diese Bilder gesehen haben musste. Und nun geschah etwas ganz Sonderbares. Nach der Wahl belegten Umfragen, dass, obwohl der Symathiewert des alten Howards auf einem historischen Tiefstand aufgeprallt war, die Wähler vor allem durch das rüde Händeschütteln Lathams den Eindruck bekommen hatten, dass dieser ein Tyrann sein musste. Wider aller Wahrscheinlichkeit verlor er die Wahl.

Varianten

Nachdem wir nun den Handschlag dank der Wissenschaft „normen" konnten, schauen wir uns mal ein Schwung Abweichungen an und erforschen deren nonverbale Bedeutungen.

Der erste Eindruck (oder die ersten drei Augenblicke, auf die ich diesen Primär-Effekt hier mal ausgedehnt habe) gründet sich ja in jeder Phase auf zwei wesentliche Aspekte: (1) Wir fragen uns: Ist der Mensch, der uns da gerade begegnet, sympathisch, halten wir ihn für vertrauenswürdig, könnte er eine Bedrohung für uns sein? Das ist der Aspekt, der innerhalb weniger Sekunden willkürlich von unseren unbewussten Verarbeitungsroutinen beantwortet und als bleibender Eindruck abgespeichert wird. Und wir scannen unser Gegenüber (2) nach Merkmalen wie seine Kleidung, seinen Manieren, seine Art und Weise, wie er uns begrüßt, wie er sich ausdrückt usw. Das sind Eindrücke, die wir bewusst wie unbewusst verarbeiten und auch zu jedem Zeitpunkt später wieder revidieren können.

Unser genormter Händedruck gehört demnach in die erste Welle und ist daher ein ganz wesentlicher Aspekt, ob und wie ein anderer Mensch auf uns wirken wird bzw. wir auf einen anderen wirken werden. Es macht einen enormen Unterschied, ob unser neuer Sozialkontakt in eben genau diesem kleinen Augenblick uns die Hand zerquetscht oder seine Hand wie einen nassen Waschlappen uns in die Hand legt. Es macht einen Unterschied, ob sein Handrücken von oben herab unsere Hand nach unten drücken wird oder ob sich unsere Hänge gleichberechtigt begegnen. Es macht einen Unterschied, ob uns eine Hand am langen, ausgestreckten Arm verhungern lässt oder wie im Beispiel oben mit einem Schwung ganz nah zu sich heranzieht.

All diese vielen kleinen Varianten machen ein Unterschied für unsere unbewussten Routinen und sie werden diesen Unterschied uns auch als deutlich bewusst wahrnehmbares Bauchgefühl zurücksignalisieren.

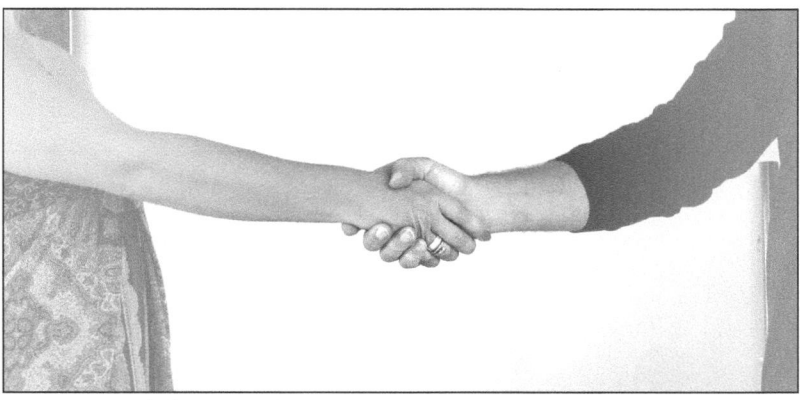

Ein langer Arm hält jeden und alles auf Distanz. Er stoppt die Bewegung aufeinander zu und klärt erst einmal die Distanzzone, in der man sich zu bewegen hat. Grenzen durchbrechen ist hier nicht nur nicht erwünscht, sondern wäre auch dämlich.

1. Armlänge

Eine erste Abweichung von der Norm finden wir schon in der Spielvariante mit der Distanzzone. Wie Du gesehen hast, ist ein europäischer Standard zwischen zwei Menschen in etwa eine Armlänge. Eine Armlänge geteilt durch zwei Arme, macht zwei angewinkelte Arme, die auf der Mitte ihre rechte Hand sich reichen. Streckt Dir also Dein Gegenüber seine Hand am langen, ausgestreckten Arm entgegen und verringert diese Distanz auch beim Handschlag nicht, ist das ein erstes Indiz, was Dir zu denken geben kann. Jemanden am langen Arm verhungern lassen, tun vor allem Menschen, die Distanz brauchen. Die erst einmal ihren Raum vor zu viel und zu schnell erlebter Nähe schützen. Es kann auch sein, dass Du einfach nur unsympathisch rüber kommst, im systemischen Spiel einer Gruppe gerade nicht sonderlich willkommen bist oder Dein Gegenüber sich eben an sonst irgendetwas stört.

Wichtig zu bemerken ist, dass durch den Handschlag eine Distanzzone definiert wird. Bleibt diese Distanzzone auch bei der Verabschiedung unverändert, dann werdet ihr Euch wohl so schnell nicht grün.

Hat sich diese Zone „normalisiert", dann muss wohl einiges ganz entscheidendes in der zweiten Welle zu verarbeitender Reize geschehen sein.

Ein eng am Körper geführter Oberarm will auch der Hand nicht viel Bewegungsraum lassen. Nähe soll hier hergestellt werden und das am besten gleich im ersten Augenblick.

Der umgekehrte Fall ist natürlich auch denkbar. Wenn Du gleich zu Beginn Deinem Gesprächspartner Dein Vertrauen, Deine Sympathie ausdrücken willst, dann lass Deinen Arm angewinkelt, Deinen Oberarm am Körper anliegend, und zieh mit dem Handschlag Dein Gegenüber leicht zu Dir heran. Damit verkürzt Du nicht nur die Distanzzone, sondern nimmst rituell gesehen den Anderen gleich in Deine Intimzone auf. Wenn in dieses Wechselspiel sich Dein Gegenüber mitnehmen lässt, dann wirst Du mit Deinem ersten Eindruck sicherlich keinerlei Probleme zu erwarten haben.

2. Machtspiele

Kommen wir zur Handhaltung. Alle Status-, Dominanz- und Machtgesten gehen immer von oben nach unten. Das gilt natürlich auch für

die Handhaltung. Wenn zur Begrüßung – wer auch immer – die Handfläche so dreht, dass der Handrücken oben liegt, dann hast Du eine klare Statusgeste. So zeigt man im Handschlag, wer hier das Alphamännchen ist. Willst Du also von Anfang an eine klare Ansage machen, achte darauf, dass Dein Handrücken zumindest tendenziell nach oben zeigen wird. Aus Spaß kannst Du das ja mal bei Deinem Vater versuchen und beobachten, wie er darauf reagieren wird.

Wenn in freier Wildbahn Dein Gegenüber sich Deiner Statusgeste nicht widersetzt, dann akzeptiert er Deine Rolle als Alphamännchen. Ohne Einschränkung. Er, oder sie, will dominiert werden. Zumindest jetzt, in diesem Moment, und von Dir. Wenn Dein Gegenüber dann noch den Blick für einen Moment senkt oder den Kopf neigt, dann kannst Du Dich gleich in sein Testament mit aufnehmen lassen. Aber Achtung. Dieses Rollenspiel hat keine allgemeingültige Aussagekraft für allezeit und für jedermann. Das ist, wie alle anderen nonverbalen Signale auch, eine situationsabhängige Momentaufnahme und hat nur Gültigkeit für das aktuell gültige System zwischen Dir und Deinem Gegenüber.

Wenn Du das nun umgekehrt erlebst, dass Dein Gegenüber Dir mit einem deutlichen Händedruck (mit Handrücken nach oben) anzeigt, wer hier die Führung beabsichtigt, dann kannst Du entweder mitspielen oder sofort entgegnen. Das ist zum Beispiel möglich, wenn Du kraftvoll und klar dem Anderen in die Augen blickst, die Handrücken wieder zurück auf „Normalstellung" drehst oder/und – wenn Du den Bogen noch überspannen willst – Deine freie linke Hand noch jovial auf die Hand oder die Schulter Deines Gegenübers legst. Mehr geht dann kaum noch. Dazu aber gleich noch mehr. Für diesen Moment hast Du auf jeden Fall erst einmal die Fronten wieder klar gemacht.

Ein weiteres, ritualisiertes Machtspiel ist der Handschlag mit erhobenen Händen. Vor allem wir Männer lieben dieses kleine Spielchen ja. Würde grad zufällig noch ein Tisch herumstehen, wir würden sofort zum Armdrücken übergehen. Meist ist das aber ja nicht der Fall und wir begnügen uns mit dem Ritual. Ein Mann, der seinen Mann steht und seine Position zu halten weiß, das ist es, was wir Männer lieben. Wir wollen den Widerstand spüren, wenn die beiden Hände sich treffen. Ganz gleich ob mit erhobener Hand, beim Handschlag (Give me Five)

oder beim weiten Aus- und Schwungholen, bis die Hände sich treffen. Wehe dem, der nicht mitspielt und dagegenhält. Der ist unten durch.

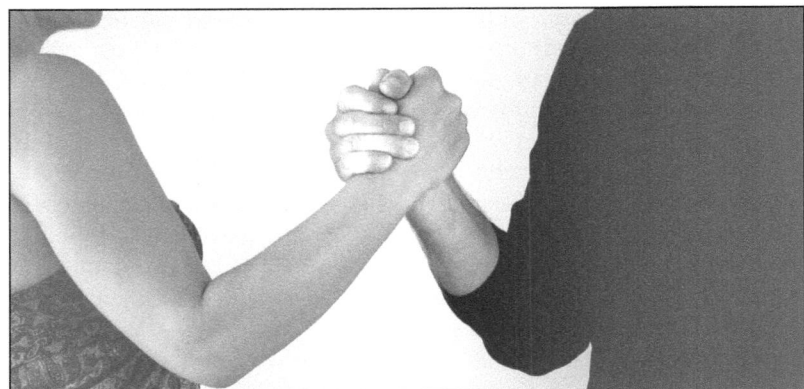

Männer lieben es! Ein ritualisiertes Kräftemessen, das Nähe und Verbundenheit schafft. Wehe aber dem, der nicht dagegenhalten kann. Der wird nicht nur vom Spiel ausgeschlossen, sondern gleich ganz einpacken.

3. Händedruck

Bei keinem anderen Aspekt kommt es mehr auf die wohldosierte Kraft an wie beim Hände-Druck selbst. Achte hierbei ganz besonderes auf die Situation, in der Du den Händedruck bemisst. Einer Frau reicht man nicht schlabbrig seine fünf Finger, und einem Chef zerquetscht man nicht die Pfote. Der Druck, in dem sich die Hände umschließen, hat wie kein anderer Aspekt die Chance, ruck zuck in die Bewusstheit der Großhirnrinde vorzudringen und das ganze schöne, nonverbale Spielchen zu zerstören.

Vergisst man den Händedruck überhaupt zu dosieren und spannt die Hand seines Gegenübers gleich wie in einen Schraubstock ein, kann das äußerst fatale Wirkung zeigen. Es gibt nur eine kleine Gruppe Menschen, die auf Schmerzen stehen und derlei Erlebnis unbedingt wie-

Magie der Verführung. | Grundlagen

derholen wollen. In der Regel wird von einer Wiederholung dieser Art zukünftig wohl eher abgesehen. Wenn man sich beim Druck einmal in der Art vergriffen hat, ist das nur noch schwer zu reparieren. Mit dem Prädikat: „Unsensibel" einmal abgestempelt, wird man es fortan schwer haben, Nähe wieder einfach und leicht herzustellen. Zumal der Träger einer derart geschändeten Hand sicherlich recht schnell auch von einem sehr gering ausgeprägtem Selbstwertgefühl ausgehen wird. „Dumm gelaufen", kann man da nur einfach sagen.

Während der „unsensible Schraubstock" wenigstens noch in irgendeiner Art und Weise ein Stückchen Anerkennung abbekommt, ist das beim Gegenteil überhaupt nicht mehr der Fall. Reicht dir jemand schlabbrig und kraftlos seine Pfote, wird es wirklich besorgniserregend. Schnell stellen sich negative Gefühle ein, wie Ablehnung, Ekel oder extrem schnell verdampfende Achtung.

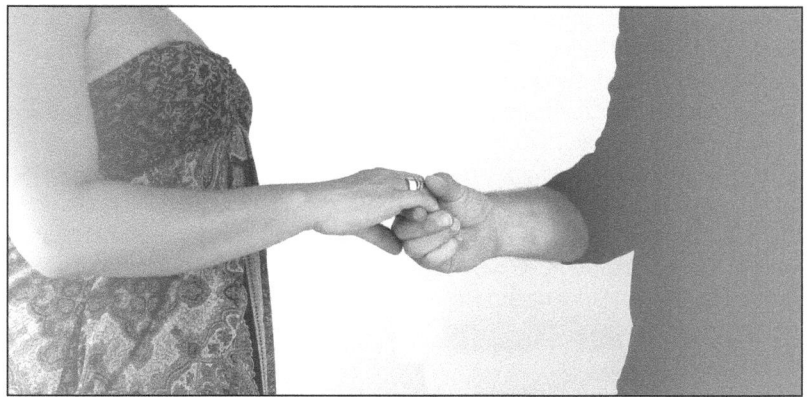

Eine Hand, die wie ein wabbliger Pudding dem Gegenüber in die Pfote gelegt wird, hinterlässt einen Schwung unangenehmer Gefühle. Weichen dann noch die Augen nach rechts unten aus, ist es klar: Dein Gegenüber hat sich in Dialogen mit sich selbst verstrickt.

Menschen, die einfach keine Kraft in ihren Händedruck bringen, werden auch sonst in ihrem Leben sehr wahrscheinlich nicht viel auf die Füße gestellt bekommen. Ein wabernder Händedruck spricht für innere Zerrissenheit, für Menschen, die sich nicht packen lassen und auch nicht anpacken wollen. Wenn Dir so ein Gegenüber dann auch noch

nach rechts unten (von Dir aus gesehen) mit den Augen ausweicht, dann ist es sicher: Dieser hat sich verfangen in einem nie endenden inneren Dialog.

4.   Hand- & Haltungen

Kommen wir zur Hand-Haltung. Wie das Wort schon sagt, verweist diese Spielvariante auf die innere Haltung des „Handträgers". Und diese Haltung ist – wie bei allen anderen körpersprachlichen Signalen auch – eine situationsabhängige Momentaufnahme.

Da hätten wir zum Beispiel die Hände, die sich zwar zu greifen suchen, aber auf seltsame Art und Weise doch nicht berühren. Dein Gegenüber wölbt seinen Handrücken derart stark, dass sich eure Handflächen überhaupt erst gar nicht berühren können. Ein wirklicher, herzhafter, vitaler Händedruck kommt nicht zustande. Das ist auch die innere Haltung, von der Du nun bei Deinem Gegenüber ausgehen kannst: eine Distanzhaltung eben. Nähe ist nicht erwünscht. Zumindest jetzt nicht. Man sorgt zwar nicht dafür, dass der Andere gleich am langen Arm verdurstet, aber viel näher wird es trotzdem erst einmal nicht. Man will in diesem Moment weder emotionale Nähe haben noch Nähe durch den freizügigen Austausch von Informationen herstellen oder Nähe auf sonst irgendeine Art und Weise.

Wenn Dir so ein Mensch begegnet, der Deine Hand nur mit gewölbtem Handrücken berührt, sei einfach ein bisschen vorsichtiger. Sei behutsam. Gehe einfühlsam mit diesem Typ Mensch um. Er braucht seine Zeit und er braucht vor allem Vertrauen in Dich. Er will ganz genau wissen, woran er ist, bevor er sich von Dir berühren lässt oder Nähe zu Dir wirklich will.

Ein Schritt weiter geht es auch noch. Vor allem bei größeren gesellschaftlichen Anlässen finden wir diese Sorte Sozialkontakt. Kaum haben sich die Hände zum Gruß gereicht, da zieht sie der Andere auch

schon wieder zurück. Meist nur ein mehr oder weniger flüchtiger Augenkontakt kommt zustande, dann schweift der Blick der neuen Bekanntschaft schon wieder in die Weiten. Richtig anwesend scheint dieser nicht zu sein. Von dieser inneren Haltung kannst Du dann auch ausgehen. Hier geht es einem nicht um Präsenz oder um Intensität. Hier verfolgt einer ganz andere Ziele, zu denen Du in diesem Moment definitiv nicht gehörst.

Wenn zwei Handflächen, die sich zwar zum Gruß reichen, sich aber auf merkwürdige Art und Weise doch nicht berühren, zum Gruße treffen, sollte man Sensibilität und Achtsamkeit im Umgang miteinander walten lassen. Anderweitig wird sich niemals Vertrauen und Nähe entwickeln.

Umgekehrt gibt es natürlich auch diejenigen, die Deine Hand gar nicht mehr loslassen. Von der Drei-Sekunden-Regel haben diese Menschen noch nie was gehört. Es kommt einem vor, als ob sie stundenlang festhalten und schütteln würden, als ob dieses Ritual gar kein Ende mehr nehmen wollte. Jener Typus scheint eng verwandt mit dem Schraubstock-Mann zu sein. Ihnen fehlt einfach die nötige Sensibilität zu bemerken, wann es dem Gegenüber zu viel wird. Sie drängen sich förmlich auf und lassen nicht mehr los. Da diese Form des Begrüßungsrituals deutlich die Grenzen der Norm sprengt, schaltet sich recht schnell auch das Großhirn wieder ein. Zumindest bei Dir. Du bemerkst bewusst, was Deine willkürlichen Instanzen Dir als Feedback in die Ma-

gengrube senden. Unwohlsein kommt auf. Hier übertritt jemand Deine Grenzen.

Kommen wir zum Schluss, noch zu zwei etwas diffizileren Ausdrucksformen unseres Begrüßungsrituals. Sicherlich hast du das schon erlebt, vielleicht bei Deinen Großeltern, bei älteren Menschen überhaupt, bei besonders empathischen oder Geistlichen. All diese haben eins gemeinsam, sie umschwebt eine Aura der Fürsorglichkeit. Diese Fürsorglichkeit versuchen sie in noch mehr Nähe auszudrücken, als dies unsere Norm kennt. Dazu packen sie ihre linke Hand einfach noch gleich auf Deine Hand oben drauf. Nähe, Sympathie, Güte und Fürsorge soll das anscheinend ausdrücken. Kann es auch. Aber muss es nicht.

Dominanter geht es kaum. Alle Gesten, die von oben nach unten gehen, zeigen das klar an. Auch wenn dieser vor allem bei Geistlichen weit verbreitete Handschlag mit anderen Erklärungswundern belegt ist. Es ist und bleibt eine Dominanzgeste.

Denke einmal daran, was Du vorhin über Gesten gelesen hast, die von oben nach unten ausgeführt werden. Richtig. Das sind Status- oder Machtgesten. Eigentlich kann diese Hand-Haltung nämlich auch ausdrücken: Ich hab Dich fest im Griff! Eine Bewegung, zu egal welcher Seite, wird Dir nicht mehr möglich sein. Dein Gegenüber gibt jetzt den Ton und die Richtung an. Diese innere Haltung kann also immer auch etwas mit Macht zu tun haben. Ändern wir den Kontext und schauen uns an, wie wirkliche Machthaber, zum Beispiel Politiker oder Militärs,

sich gerne die Hände geben, dann wirst Du diese Art der Hand-Haltung oft finden. Nur, wenn sich Seinesgleichen trifft, dann wird es kaum lange dauern, dass der andere Machtmensch zum Gegenschlag ausholt. Würde er nicht reagieren, käme das ja nonverbal einer Kapitulation gleich.

Was geschieht also, um dieser sehr einseitigen Umklammerung zu entgehen? Genau, man packt einfach seine eigene Hand „on top". Dann haben wir vier Hände, die im Schein der Fürsorge ihren Statuskampf ausfechten, ohne dass es jemand wirklich bemerken würde.

Es gibt noch eine weitere Spielvariante. Genauso unscheinbar wie die Fürsorgliche kommt sie daher. Nur dass nun nicht einfach eine Hand auf die andere gestapelt wird, sondern die freie, linke Hand sich den Arm des Gegenübers schnappt.

Hüh oder Hott. Tja, Körpersprache ist eben nicht so eindeutig. Entweder ist dieser Unterarmstütz eine klare Geste der Nähe und Fürsorge oder es ist eine Dominanzgeste, die dem Anderen klar anzeigt, wo es langgeht. Dann wird sie als unangenehm empfunden.

Das verstärkt zwar Nähe und Verbundenheit, kann aber auch eine ganz andere Haltung auszudrücken versuchen. Mit der freien, linken Hand wird nun nach dem Unterarm gegriffen und damit nicht nur der eigene Anteil an diesem Ritual verstärkt, sondern vor allem auch sein Gegenüber stark in die eigene Führung unterworfen. Der Bewegungsspielraum des Sozialkontakts wird deutlich in seiner Freiheit eingeschränkt. Die Bewegungsmöglichkeiten blockiert. Nun kann man ganz getrost bestimmen, in welche Richtung es weitergehen soll.

Hier wird zwar die Gestik nicht von oben nach unten ausgeführt, in ihrer Wirkung kommt sie den klassischen Statusgesten aber gleich. Wenn die Bewegungsfreiheit eines anderen derart eingeschränkt und geführt wird, befindet man sich entweder im Kampfsporttraining oder ist gerade dabei, seine Selbstbestimmung zu verlieren. Um dem zu entgehen, bleibt wieder nur eines: Genauso wie zuvor greift man eben nun selbst auch noch mit der zweiten Hand zu. Dann hat man nicht nur vier Hände, die sich türmen, sondern ein hübsches Gestrüpp von Fingern,

Händen und Armen, die zum Wettkampf in dieser schmalen Distanzzone den Sieg zu erringen suchen.

NLP im Alltag

Wusstest Du, dass wir zu neunzig Prozent mit unserer Körperhaltung, Gestik, Mimik und Satzmelodie kommunizieren und nur zu mickrigen zehn Prozent über das gesprochene Wort, über den wirklichen Inhalt? Gerade deshalb ist das physische Auftreten so enorm wichtig, wenn wir charmant, freundlich, aber auch souverän auftreten möchten.

Sehen wir Schnee, wissen wir automatisch, dass er kalt ist. Hören wir eine Alarmanlage, gehen wir automatisch davon aus, dass Gefahr besteht. Sehen wir einen windschnittig geschnittenen Sportwagen, nehmen wir automatisch an, dass dieser schnell sein muss, ohne zu wissen, ob nicht ein windiger Bastler sich sämtlich Schrotteile eines alten Porsches zusammengekauft und einen Mopedmotor unter die Haube geschweißt hat. Wir verlassen uns stets auf die Interpretation unseres Gehirns, abgespeicherte Reize schon richtig zu bewerten. Kannst Du Dir aber vorstellen, was passiert, wenn wir derlei Reiz-Reaktions-Trigger bewusst einsetzen, um die Sinne unseres Gegenübers zu täuschen oder um seine Bewertungen bewusst zu lenken?

Das ist nun nicht wirklich etwas Besonderes. Da sich niemand von uns sich derlei bedingter Reizverarbeitung entziehen kann, spielen wir alle und tagtäglich unzählige Male diese Platte ab. Ob durch die Medien oder durch die Werbebranche bewusst eingesetzt, wir können gar nicht anders, als uns andauernd von Manipulationsangriffen anderer verführen und lenken zu lassen.

Du bist immer noch der Meinung, das passiert Dir nicht? Du bist nicht suggestibel? Weit gefehlt! Jeder von uns verbindet mit einem nagelneuen Mercedes SLS oder Audi A8 Geld, Stil und Erfolg. Warum?

Weil wir nicht zuletzt in Filmen und Werbespots, aber auch durch unsere Erfahrung gelernt haben, dass zum Beispiel „Erfolg" eine passende Bewertung dieses Reizes ist. Ganz egal, ob wir wissen, dass der gesehene Schlitten noch der Bank gehört oder längst in Pfändung steht. Wie Du siehst, ein ganz alltägliches Phänomen. Wer da im Alltag – ob Werbebranche, Regierungen oder unsere Mitmenschen – Einfluss auf uns nimmt, spielt dabei keine Rolle. Wir alle sind manipulierbar. Ob über optische, auditive oder kinästhetische Reize, eines ist sicher, unsere Bewertungs- und Verarbeitungsautomatik wird losrennen wie ein geölter Blitz. Und das bei den allermeisten Menschen in immer gleicher Art und Weise: „Mercedes = Erfolg!" Ende. Aus und Amen.

Unbewusste Reize

Um aufzuzeigen, wie aktiv unser Unbewusstes im Hintergrund arbeitet und für uns entscheidet, möchte ich Dir von einem kleinen Experiment erzählen, das in den 1970er Jahren mit manipulierten Kinofilmen unternommen wurde. Vorweg wichtig zu wissen: Unser menschliches Auge erkennt nur 25 Einzelbilder pro Sekunde. Dann ist Schluss. Darüber hinaus spielt unser Gehirn nicht mehr mit und wir erkennen nur noch bewegte Bilder, einen Film eben. Wissenschaftler ersetzten nun einige Einzelbilder dieses Films durch die Darstellung von Eisprodukten mit hübschen Bikinimädchen. Es war unmöglich für das Auge des Kinobesuchers, diese Einzelbilder bewusst wahrzunehmen. Dennoch, plötzlich stieg der Eisverkauf während des Films rasant an. Wie konnte das nur geschehen? Die unbewusste Reizverarbeitungs- und Bewertungsautomatik musste ihre Finger mit im Spiel haben. Natürlich nutzte die Werbeindustrie diesen Effekt für sich umgehend. Natürlich. Als sogenannte „Subliminals" ging er in die Geschichte der Wahrnehmungspsychologie ein. Schade nur, dass diese „Subliminals" für kommerzielle Werbung bereits kurz darauf verboten wurde. Der Gesetzgeber wird schon wissen warum.

Ein weiteres Beispiel für subtil-manipulative Effekte zeigt uns ein Besuch bei McDonalds. In den 1980er und 1990ern Jahren hielt das Unternehmen sein gesamtes Interieur in der Farbe Rot. Rote Sitze, rote Tische etc. Selbst Ronald McDonald wurde mit roter Farbe angepinselt. So viel Rot wie nur irgend möglich, war die Ansage der Konzernleitung. Das hatte einen einfachen Grund. Rot ist eine Signalfarbe. Sie verursacht Stress in unserem Gehirn, wenn wir sie zu lange sehen. Folglich halten wir uns an „rotverseuchten" Plätzen nicht allzu lange auf. Genau dieses Konzept wollte das Unternehmen bewusst nutzen. Das Motto lautete: „Ein Fast-Food-Restaurant lade nicht zum Daueraufenthalt ein, sondern allemal so lange, bis die Speisen verzehrt sind, um schnellstmöglich Platz für den nächsten Kunden zu schaffen." Entsprechend verhielten sich die Besucher der Fast-Food-Kette auch.

In den 1970er Jahren führte McDonalds übrigens auch noch etwas anderes raffiniert Manipulatives ein. In Gestalt der unscheinbaren Frage: „Ketchup oder Majo zu den Pommes?" sollten die Mitarbeiter die Gäste vor eine Entscheidung stellen. Eine Entscheidung, die Umsatz bringen sollte. Dem Kunden wurde erst gar nicht die Wahl gelassen. Keines von beidem ist seitdem keine Option mehr. Mit dieser Frage ist klar vorgegeben, dass der Gast sich zu entscheiden hat EINES von beiden zu wählen. Dass Ketchup und Majo zusätzlich kosten, ist den Meisten zwar unbewusst klar, allerdings ist man durch diese Manipulationsstrategie dazu gezwungen, sich dennoch zu entscheiden. Und genau das geschieht bis heute noch. Mit dieser Strategie kann McDonalds einen immensen Umsatzzuwachs verzeichnen. Eine Kommunikationsstrategie, die im Übrigen aus dem sogenannten Milton Modell stammt. Eine aus der Hypnose abgeleitete Technik, die wir dank der NLP nun recht einfach lernen und für uns nutzen können. Wir werden später noch unseren Spaß mit diesen Techniken haben.

Gezielt gestikulieren

Am besten Du gewöhnst Dir ab sofort an, stets mit der linken Hand zu gestikulieren. Nicht mehr mit Deiner rechten. Warum? Das hat natürlich auch einen guten Grund. Beobachte doch einmal die Körperhaltung von Menschen, wenn sich diese in einem Gespräch befinden. Sei es auf der Straße, im Supermarkt oder auf der Arbeit. Sobald diese Leute nicht verwandt oder bestens befreundet miteinander sind, verstecken sie immer ihre linke Hand oder spielen damit an einem Autoschlüssel herum. Gestikuliert wird in diesen Beispielen zu fünfundneunzig Prozent immer mit der rechten Hand. Warum? Nun, die linke Hand arbeitet mit der rechten Gehirnhälfte zusammen. Und diese Gehirnhälfte ist für Gefühle zuständig. Somit sind wir geneigt, genau diese Hand stets zu verbergen. Wir fühlen uns unbewusst nackt oder nicht wohl, wenn wir offen mit dieser Hand gestikulieren. Nun passiert etwas absolut Verblüffendes, wenn Du plötzlich aus der Reihe fällst und die rechte Hand in die Hosentasche steckst, um mit der linken zu „sprechen". Du löst damit einen ungeahnt unbewusst positiven Eindruck bei Deinem Gesprächspartner aus. Er wird nie wissen, warum ausgerechnet Du in ihm so viel Sympathie auslöst. Tatsache ist, dass wir, seitdem wir uns verständigen können, uns nahezu immer mit Menschen unterhalten, deren rechte Hand gestikuliert, nie aber mit Menschen, die ihre linke nutzen. Bewusst fällt uns das nicht auf. Plötzlich jedoch stehst Du auf dem Tablett und machst etwas ganz anders als alle anderen. Unser Unbewusstes reagiert sofort darauf, unser Bewusstsein allerdings nicht. Wir haben einen Überraschungseffekt initiiert. Einen ganz effektiven noch dazu. Einen Effekt, der zu den wichtigsten Basics unserer zwischenmenschlichen Kommunikation zählt.

Gerade und vor allem offene Körperhaltung gehört ebenso zu den wichtigsten Gesten unserer Körpersprache. Sehen wir einen Menschen mit eingefallenen Schultern, suggeriert uns das, dass jener wohl im wahrsten Sinne des Wortes schwer zu tragen hat. Menschen mit solch einer Körperhaltung gilt es absolut zu meiden. Ein selbstbewusster Mensch steht gerade und trägt seinen Kopf ebenso.

Unterhalten wir uns dann auch noch mit verschränkten Armen oder sitzen wir dem Gesprächspartner mit verschränkten Fingern gegenüber, suggeriert dies dem Anderen eine gewisse Verschlossenheit und Unsicherheit. Setze Dich mit leicht nach außen zeigenden Schuhspitzen, mit beiden Händen etwas voneinander entfernt auf Deinen Stuhl. Die Hände befinden sich sichtbar auf dem Tisch. Wenn Du Dich derart offen präsentierst, wird bald jeder noch so misstrauische Gesprächspartner seinen „Schutzschild" senken.

Weiter im Text. Wo schauen wir während eines Gesprächs hin? Wir sehen logischerweise immer in das linke Auge eines Menschen. In jedem Gespräch! Außer Du willst es so schnell wie möglich hinter Dich bringen. Dann wechsele lieber ständig zwischen linkem und rechtem Auge hin und her. Das linke Auge arbeitet mit der rechten Gehirnhälfte zusammen und wie gerade ja schon geschrieben, ist diese unsere Herzseite, also unsere Gefühlsseite. Bei Frauen gilt dies grundsätzlich immer. Ich habe es mir daher fest angewöhnt, stets in das linke Auge meiner Gesprächspartnerin zu blicken, wenn ich mich unterhalte. Versicherungsagenturen schulen ihr Personal übrigens auch auf diese Technik. Achte mal beim nächsten Banktermin oder Gespräch mit Deinem Versicherungsmakler auf den Augenkontakt. Wenn Du Dir einen Spaß daraus machen willst, wechsele ständig zwischen den Augen. Das wird dann sehr schnell unangenehm für unseren Gesprächspartner und Du kannst Dir sicher sein, dass das Meeting nicht sehr lange dauern wird.

Visuelle Suggestionen finde ich besonders spannend. Ich benutze diese sehr oft. Angenommen Du hast Besuch und möchtest, dass dieser endlich das Haus verlässt. In diesem Fall könntest Du fragen: „Wollt ihr noch etwas trinken, oder ...?" Während dem „Oder" schüttle ganz beiläufig den Kopf. Verneinendes Kopfschütteln sehen und „Ja" sagen kann das Gehirn nur sehr schlecht verarbeiten. In diesem Fall wirst Du in den meisten Fällen auch ein „Nö, du, lass mal, danke!" erhalten. Daraufhin wird der unliebsame Besuch auch bald schon gehen. Ebenso funktioniert das natürlich auch umgekehrt. Nehmen wir an, Du hast Deine Traumfrau in einem Club angesprochen und nach unserer Umprogrammierung gefügig gemacht. Allerdings bist Du Dir nicht sicher, ob sie Dir auf ein Gespräch nach draußen folgen würde, wo es etwas leiser ist. Hier könntest Du die visuelle Suggestion folgendermaßen einbauen: „Ziemlich laut hier drin. Lass uns kurz mal raus gehen, okay?" Bei „okay" nickst Du einmal bestimmend mit dem Kopf.

Da wir gerade bei bestimmenden Aufforderungen sind, hier habe ich noch eine weitere, extrem starke verbale Suggestion. Sicherlich kennst Du Deine Frau/Freundin, Deine Kinder oder Eltern so gut, dass Du weißt, welche kleineren Bitten sie ohne Weiteres für Dich erledigen würden und welche nicht. Diese unterbewusste Zwangsaufforderung funktioniert am besten, wenn es sich um Kleinigkeiten handelt, wie zum Beispiel den Müll rausbringen oder bei Kindern das Zimmer aufzuräumen. Wenn Du Dir sicher bist, dass Du mit einer einfachen Bitte auf Granit beißen würdest, formuliere diese doch einmal wie folgt:

„Geh bitte nach unten und räum dein Zimmer auf!"

„Steh doch bitte kurz auf und hol mir meine Chips aus dem Schrank"

Wichtig ist, dass Du die beiden Sätze mit einem UND verbindest. Das Gehirn kann zwei Anweisungen auf einmal nicht gleichzeitig verarbeiten und stimmt somit zuerst vorsorglich einmal zu, bevor es in der Lage ist, die Situation vollständig zu erfassen. Bis dahin ist der Andere aber meist schon unterwegs. Er würde sich lächerlich machen, wenn er dann noch einen Rückzieher machen würde. Um das Ganze noch zu steigern, nicken wir bei den Verben einmal kurz, aber bestimmend, während wir dem Anderen entschlossen in sein linkes Auge sehen. Probiere das ruhig gleich einmal aus. Übe diese Sprachmuster in der Firma mit Kollegen, Angestellten, in der Familie usw. Aber übertreibe es nicht gleich und werde zum Imperator. Übe den sicheren Umgang mit diesen wichtigen Suggestionstechniken. In Verbindung mit Deinem neuen Auftreten wirst Du schnell bemerken, wie leicht es ist, auf das Tun und Handeln Anderer Einfluss zu nehmen. Glaube mir, ich habe damit schon einige lustige Situationen erlebt. Vor allem dann, wenn ich beim Üben versucht habe, absolut nutzlose Handlungen zu befehlen. Viel öfters, als ich das je erwartet hätte, wurden diesen meist sofort Folge geleistet. Übrigens, auch Polizeibeamte lernen diese Technik, um im Umgang mit zu kontrollierenden Personen erfolgreicher zu sein.

Vergiss bei all diesen Suggestionstechniken mit der Mimik, der Körperhaltung, Deiner Begrüßung, dem Augenkontakt durch Anvisieren und der Sprachmanipulationen nicht, dass diese Techniken allesamt nicht nur auf Deine Zielperson wirken, sondern auch umgekehrt bei uns selbst ihre Wirkung zeigen. Willst Du wirken, dann musst Du diese Techniken nur bewusst nutzen.

Manche Menschen beherrschen von Natur aus diese Techniken. Sie verkaufen dann beispielweise einfach besser als andere und das, ohne sich Wissen aneignen zu müssen. Sie haben meist auch keine Ahnung, warum sie besser auf ihre Mitmenschen wirken. Es ist auch nicht notwendig, denn instinktiv handeln sie durch Erfahrung richtig. Falls Du aber nicht zu diesen Naturtalenten gehörst und immer noch ein Meister der Manipulation werden willst, dann bedarf es noch einigem mehr an Wissen über gezielte Programmierungen.

Manipulative JA-Straßen

Hast Du schon jemals von dieser manipulativen Methode gehört? Nein? Dabei bin ich mir sicher, dass Du schon des Öfteren „Opfer" dieser miesen kleinen Attacke gegen Dein Unbewusstes geworden bist. Bestes Beispiel hierfür sind störende Telefonanrufe, an deren Ende meist eine weibliche Stimme einem ins Ohr säuselt:

Dame: Hallo, Herr/ Frau XY
Du: Hallo
Dame: Darf ich sie ganz kurz sprechen?
Du: JA, klar.
Dame: (lacht) wirklich toller Tag heute, nicht wahr?
Du: JA, Sonne scheint, was will man mehr?
Dame: Der Grund, warum ich anrufe ... (wartet)
Du: JAAAA?
Dame: Schon mal etwas vom neuen Telefonanbieter XY gehört?
Du: JA ...

Dame: Sie möchten doch sicherlich auch sparen, wo sie es ohne
Weiteres könnten
Du: Ja, natürlich ...
Usw. ...

Hättest Du es bemerkt, wenn diese Dame Dich mit einer derartigen Strategie eingefangen hätte? Das Personal bei solchen Telefon-Akquisen ist darauf geschult, Dir so viele „JAs" wie nur irgend möglich in kürzester Zeit zu entlocken. Nach sieben bis zehn „JAs" kommt dann meist die entscheidende Frage: „Wollen Sie gerne zu Anbieter XY wechseln oder im Automobilclub ATZ aufgenommen werden?" Nun, nach so vielen „JAs" ein erlösendes „NEIN" zu sagen fällt uns ungemein schwer. Wir willigen ein und ehe wir uns versehen, haben wir auch schon unterschrieben. Diesen Effekt werden wir ganz klar auch für unsere Bedürfnisse nutzen.

Um die folgenden Suggestionstechniken hundertprozentig erfolgreich einsetzen zu können, ist es unabdingbar, dass Du keinerlei Angst davor haben darfst, anderen Menschen so lange in die Augen zu sehen, bis diese ihren Blick abwenden. Mitunter die schwierigste Aufgabe in diesem Buch. Der Vorteil: Du kannst den stetigen Blickkontakt überall üben. Am besten übst Du mit wildfremden Menschen. Zum Beispiel beim Einkaufen. Mache es Dir zur Aufgabe, wann immer Du daran denkst, anderen Menschen im Gespräch oder wenn sie Dir entgegenkommen so lange in die Augen zu sehen, bis die andere Person wegsieht.

Einen tollen Effekt wirst Du dann beobachten können. Nehmen wir an, Du läufst im Supermarkt einen Flur entlang und fixierst den Blick einer Person, die Dir gerade entgegenkommt. Du starrst ihr so lange in die Augen, bis diese den Blick abwendet. Ich weiß, es ist extrem schwer, einem wird abwechselnd heiß und kalt, aber dennoch, tue es. Denke immer daran, dass Dich diese Übung weiter bringen wird im Leben. Achte nun einmal darauf, in welche Richtung Dein Gegenüber wegschauen wird. Sieht die Person nach unten weg, ordnet sie sich Dir gerade unter. Achte dabei auf Dein persönliches Gefühl, wenn Du plötzlich zum Übergeordneten wirst. Tue Dir in Zukunft den Gefallen und sehe nie wieder zuerst weg, und wenn es nicht anders gehen sollte, schaue immer seitlich weg, denn das suggeriert dem Gegenüber Gleichberechtigung.

Würden wir nach unten wegsehen, lösen wir bei unserem Gegenüber ein Machtgefühl aus und das auch noch unbewussterweise. Nach diesem Buch wollen wir nie wieder von anderen dominiert werden. Wir wollen souverän auftreten, nicht untergeordnet. Geschulte Menschen achten auf genau diese Dinge. Deshalb verkörpern sie auch genau das, was sie eben als Vorgesetzter, als Polizist oder als Politiker darstellen.

Psychologische Anker

Als Anker bezeichnet man einen Zustand, der in unserem Gehirn an einen bestimmten Reiz geknüpft wurde. Sei es der erste Kuss mit einem bestimmten Lied oder eine Feier, bei der ein äußerst exotisches Parfum in der Luft lag, oder das blinkende, blaue Licht mit Polizei. So wirst Du immer, wenn Du dieses bestimmte Lied hörst, an diesen ersten Kuss erinnert. Du wirst jedes Mal, wenn Du dieses seltene Parfum riechst, automatisch Dich wieder an diese eine Feier erinnern, und so weiter.

Als Kind durfte ich ab und zu bei meiner Oma schlafen. Ich hatte dort ein eigenes Kinderzimmer, in dem ich mich absolut wohl und geborgen fühlte. Leider gibt es dieses Zimmer heute nicht mehr. Aber manchmal werde ich heute noch schlagartig in diese Zeit zurückversetzt. Es ist der Duft des Holzschranks, der in diesem Raum stand. Immer wenn man ihn öffnete, konnte man ihn riechen. In diesem Schrank befanden sich all meine Spielsachen. Damals öffneten meine Oma und ich immer gemeinsam die Türen dieses alten Ding. All die tollen Sachen kamen zum Vorschein. Wie dieser Duft damals entstand, das weiß ich nicht, aber er hat sich nachhaltig in meine Erinnerung eingebrannt. Vermutlich war es eine alte Lasur, in Verbindung mit dem damals noch extrem Rohölhaltigen Plastikspielzeug. Wie gerne hätte ich diesen Schrank noch heute, um in Erinnerungen schwelgen zu können, wann immer mir danach ist. Du siehst, auch Düfte können extrem starke Anker sein. In der Psychologie nennt man diesen Effekt unserer Hirnmechanik auch: Anker-Heuristik.

Kinästhetische Anker

Es ist aber auch ohne Weiteres möglich, zum Beispiel durch eine einfache Berührung, eine Person zum Lachen oder zum Weinen zu bringen. Dies ist alleine durch sogenannte kinästhetische Anker möglich. Wenn Du versuchst Rapport herzustellen, also eine intensive Bindung zu einer Person, dann solltest Du auf diese Technik auf jeden Fall zurückgreifen. Ich habe damit die besten Erfolge erzielt. Solltest Du ein positives Gefühl bei Deiner Zielperson abspeichern wollen, dann greife immer dann, wenn Du gerade etwas Lustiges oder Wunderschönes erzählt hast und Dein „Target" die gewünschte Gefühlsregung zeigt, ganz beiläufig an eine immer gleich Körperstelle. Zum Beispiel berühre ihre Hand. Ich wähle immer den Ellenbogen. Eine Berührung dort fällt nicht sonderlich auf und dennoch findet gleichzeitig Körperkontakt statt. Wenn Dein Gegenüber nicht sehr redebedürftig ist, dann lenke das Thema eben auf Deinen letzten Urlaub oder auf eine erfundene Geschichte. Beispielsweise der letzte Urlaub in der dominikanischen Republik. Baue hypnotische Sprachmuster ein. Immer dann, wenn Du jetzt Adjektive wie: glasklares Wasser, wunderschön warm, sehr leckeres Essen oder ähnliches verwendest, dann berühre scheinbar unauffällig im Gespräch den Ellenbogen Deines Gegenübers. Das wird nicht auffallen. Viele Menschen sprechen gerne durch Körperkontakt, wenn sie Schlagwörter in den Raum werfen. Viele werden dies von Geschäftstreffen oder aus Filmen kennen. Immer wenn das geschieht, wird ein Anker gesetzt. Berühre Deinen Gesprächspartner aber nicht alle zwei Sekunden, das kann sonst schnell nervig werden. Bei jeder Deiner Berührungen wird das positive Wort im Unbewussten Deines Gesprächspartners in Verbindung mit dieser Berührung verknüpft und abgespeichert. Das Unbewusste vergisst nie. Angenommen Du hast Deinen Job gut gemacht, und davon gehe ich absolut aus, wird diese Person nun jedes Mal in ihrem Leben ein positives Gefühl verspüren, wenn ihr zwei aufeinandertrefft und Du schon bei der Begrüßung deren Ellenbogen berührst. Genau dann wird die gespeicherte Information aus deren Unbewussten abgerufen. Sie werden sich immer freuen, sich mit Dir zu unterhalten. Diese Technik wird sowohl bei Geschäftsleuten als auch, wie sollte es anders sein, von Pick-Up-Profis verwendet.

Hypnotische Sprachmuster und Verneinungen

Alle hypnotische Sprachmuster zu erklären, würde hier definitiv den Rahmen sprengen. Allerdings will ich Dir doch kurz und knapp erzählen, wie ich diese Sprachmuster als Mentalmagier und Gedankenleser erlebe. Jeder beschreibt es nämlich anders und jeder empfindet es auch ganz anders, wenn Du einmal in Trance, wenn Du in „Hypnose" warst. Aber was genau ist Hypnose denn nun eigentlich? Und wie genau funktioniert sie? Wie ich schon sagte, kann das lustigerweise selbst die Wissenschaft bis heute nicht genau sagen. Zuschauer, die so eine Bühnenshow sehen, empfinden es auf jeden Fall als etwas sehr Dramatisches. Viel dramatischer als es eigentlich ist. Viele denken, dass ein Mensch unter Hypnose einfach weggetreten und nicht mehr Herr seines Verstandes ist. Das stimmt so aber keineswegs. Niemand fällt in Trance, wenn er das nicht möchte. Das ist zumindest die landläufige Meinung. Dies kann ich auch bestätigen, aber … Es gibt eine Menge sehr ausgeklügelter Techniken, mit denen man nahezu jeden Menschen dazu bringen kann, sich für eine Trance-Induktion mehr oder weniger bewusst zu öffnen. Man kann Menschen zum Beispiel viel leichter davon überzeugen, sich auf ein Konzentrationsspielchen einzulassen, als gleich in eine Tieftrance zu gehen. Das Ergebnis ist aber weitgehend das Gleiche. Hat man das geschafft, ist auch die Trance schon da. Allerdings kann der Hypnotisierte jederzeit die Trance unterbrechen. Entgegengesetzt der landläufigen Meinung, ein unter Hypnose stehender Proband würde nichts tun, was er im normalen Zustand nicht auch tun würde, wage ich allerdings zu bezweifeln. Der offizielle Mörder des Kennedyattentäters setzte sich nach seiner Tat in eine Ecke, holte die Bibel heraus und behauptete sich an nichts erinnern zu können. Hypnose wäre eine mögliche Erklärung für diesen Zustand. Seine Familie behauptet noch heute, dass sie sein Verhalten nicht verstehen können und er nicht mehr wiederzuerkennen war. Fraglich bleibt das dennoch. Hypnose bedeutet aber auf jeden Fall nicht einfach „zack und weg". Das sollte nun klar sein. Täglich befinden wir uns in Trance. Immer wieder. Beispielsweise

während einer Filmvorführung im Kino, bei einem angeregten Gespräch mit der Liebsten oder beim Sex.

Was sind nun hypnotische Sprachmuster? Was sind nun Sprachmuster, die einen Menschen in diesen Zustand bringen? Dazu müssen wir uns vergegenwärtigen, dass es sich bereits um ein hypnotisches Sprachmuster handelt, wenn Du eine Dame gezielt auf ein romantisches Thema lenkst, zum Beispiel auf die Hochzeit ihres besten Freundes. Wenn Du dann in sehr bildhaften Ausdrücken von den Blumenkindern, den roten Rosen, dem romantischen Kuss des Brautpaars und so weiter erzählst und Deine Gesprächspartnerin sich darauf einlässt, dann ist sie bereits in einer Trance. Die Geschichte muss natürlich passen. Verlasse Dich auf Deine Menschenkenntnis, Dir wird schon die richtige einfallen. Wenn Du offensichtlich einer Surferin gegenüber stehst, solltest Du natürlich besser vom letzten Hawaiiurlaub, dem glasklaren und warmen Wasser erzählen und von den tollen Partys abends am Strand vor dem Lagerfeuer. Sobald Du derart bildhaft Deine Beschreibungen wählst, die Du mit Düften, Farben, Geschmäckern und Gefühlen ausschmückst, zauberst Du Deinem Gesprächspartner Bilder in seinen Kopf. Verführerische Bilder. Er befindet sich nun in einer Trance, die Du erschaffen hast. Es ist Dein Werk. Das geht natürlich auch umgekehrt. Du kannst ebenso negative Bilder in sein Gehirn malen, dann bekommst Du Deinen Gesprächsteilnehmer recht schnell los.

Wir Menschen können gar nicht anders, als uns alles vorzustellen, was man uns erzählt. Bestes Beispiel ist der rosarote Elefant, an den Du jetzt bitte auf keinen Fall denken sollst. Siehst Du? Er erscheint gerade bildhaft vor Deinen Augen. Das ist auch der Grund, warum man in Wohnungen, die sich streng an alle Feng Shui Prinzipien halten, keine Bilder mit geschriebenen Wörtern an die Wand nageln darf. Unser Gehirn kann gar nicht anders, als das Geschriebene zu lesen. Unweigerlich würden wir so ständig mental gestört. Übrigens sind derart „kleine Fehler" in Räumen auch oft der Grund dafür, warum wir vergessen, an was wir gerade gedankenverlorenen gedacht haben. Solche Störpunkte reißen uns aus unseren Gedanken und Peng – weg sind sie.

Es gibt unzählige Sprachmuster, die man in unterschiedlichsten Situationen einsetzen kann. Ein paar von diesen Sätzen bringe ich Dir späteren noch bei. Die kannst Du dann auswendig lernen. Zu diesen Spezialsätzen gehört auch die besondere Form der Verneinung. Die Faustregel: Wenn Du nicht sicher weißt, was Du tust, dann sind Verneinungen absolut zu vermeiden. Zumindest dann, wenn Du Deinem Gegenüber ein positives Hochgefühl in Verbindung mit Dir gönnen willst. Vergiss nicht, mit jeder Technik, die Du in solchen Gesprächen einsetzt, kletterst Du im Ansehen Deines Gesprächspartners eine Stufe weiter nach oben bis zur absoluten Unwiderstehlichkeit. Mit jedem Negativwort reißt Du hingegen eine Stufe wieder ein. Negationen sind nie positiv und tragen zu Deinem Vorhaben nicht bei.

Ein Beispiel: Du sitzt beim Bankberater und bittest ihn um einen Kredit. Abgesehen von Deiner Bonität macht sich natürlich auch der Banker Gedanken darum, ob er dieses Risiko bei der von Dir gewünschten Summe vertreten kann. Die Entscheidung hängt am seidenen Faden und Du wirst mit Fragen bombardiert: „Denken Sie, Sie können die Rückzahlung bei ihrer momentanen Situation auch wirklich stemmen?"

Schlechteste Antwort: „Nein, gar kein Problem. Ich bin ja nicht arbeitslos, sondern arbeite täglich hart für mein Geld."

Warum? Weil Du folgende Negativwörter verwendet hast: „Nein, Problem, arbeitslos, hart". Unterbewusst wird der Bankangestellte somit negativ beeinflusst und die Chance auf Deinen Kredit schwindet drastisch.

Beste Antwort: „Ein ganz klares JA, denn ich verdiene gerne Geld und bin nachweislich sehr fleißig, um mir eine tolle Zukunft zu sichern."

Hier befinden sich ausschließlich positive Wörter in Deiner Antwort. Auch das Wort „sichern" ist positiv, denn es kommt von Sicherheit. Ein Wort, welches gerade Dein Berater sehr gerne hören wird. Übrigens solltest Du Redewendungen wie „kein Problem" komplett aus Deinem Sprachgebrauch löschen. Hier sind schon zwei Negationen in einer nett gemeinten Antwort enthalten. Ich kenne sogar einen großen Autohersteller, in dessen Kundengesprächen diese Redewendung mit einer Abmahnung bestraft wird. Der Grund ist, dass dem Kunden ge-

genüber der Name des Unternehmens mit einem „Problem" verbunden suggeriert wird. Das Motto laute aber, dass es so etwas wie Probleme in diesem Hause nicht gibt. Absolut richtig, wie ich finde. Dieses Unternehmen hat die Macht von Suggestionen und hypnotischen Sprachmustern absolut richtig verstanden.

Es wird immer wieder von Pseudopsychologen behauptet, das Gehirn kenne keine Verneinungen und höre darüber hinweg. Daher müsse man Sätze wie „Ich lasse mir das NICHT gefallen" besser anders formulieren, wolle man etwas damit erreichen. Und Recht haben sie! Unser Unbewusstes erkennt derartige Negationen erst einmal nicht und versteht zuerst, dass es darum geht, sich irgendwas gefallen zu lassen. Erst wenn es dafür eine entsprechende Repräsentation gebildet hat (ein Bild im Kopf dazu hat), folgt im zweiten Schritt die Negierung. Das Bild von dem, was man nicht soll, ist aber dennoch entstanden. Es braucht nun deutlich mehr Energie, um daraus etwas zu machen, was man nicht will, als es gleich so zu formulieren, dass man positiv ausdrückt, was man denn will oder nicht. Daher nochmal, willst Du Deinen Gesprächspartner nicht über die Maßen stressen, streiche alle Negationen aus Deinen Formulierungen.

Spiegeltechnik

Die Spiegeltechnik ist ein Teil aus dem großen Bereich des Rapports. Die NLPler nennen die Spiegeltechnik auch „Pacing". Die Spiegeltechnik ist höchstmanipulativ. Sie wirkt direkt auf das intimste Gut eines Menschen, nämlich auf die Fähigkeit, abschätzen zu können, wer uns da gegenübersteht. Diese Technik ist absolut teuflisch und schwer zu durchschauen. Forschungen zufolge beginnen wir Menschen bereits in der Kindheit damit, uns durch Nachahmung der gleichen Interessen, des gleichen Sprachgebrauchs oder der gleichen Körperhaltung uns bei unseren Spielkameraden beliebt zu machen. Damit gehört die Spiegeltechnik zur Grundausstattung unseres menschlichen Verhaltens und wird es auch bleiben, es sei denn, Du wirst ein kompletter Aussteiger. Um als

Menschen überleben zu können, machen wir uns die Anderen zu Freunden. Wir suchen uns die heraus, mit denen wir die meisten Interessen teilen können, die ähnliche Überzeugungen haben und die uns auch in unserer Art und Weise irgendwie ähnlich sind.

Profis machen sich diese menschliche Eigenheit zunutze und entfachen innerhalb kürzester Zeit absolute Begeisterung über ihre eigene Person. Ich will Dir nun verraten, worauf es bei dieser Technik im Einzelnen ankommt. Du wirst diese Techniken, wie alles im Leben, im Umgang mit Deinen Mitmenschen üben müssen, um perfekt zu werden. Bereits in der Übungsphase wirst Du sehr bald bemerken, dass sich Deine Zielpersonen sehr schnell für Dich interessieren werden und Du beliebter wirst denn je.

Beim Spiegeln gleichen wir uns nun an folgende Verhaltensweisen und Eigenschaften unseres Gegenübers an: Atemfrequenz, Gesten, Mimik, oft verwendete Wörter, Geschwindigkeit der Sprache, Intervall des Lidaufschlags, Körperhaltung, Kleidungsstil ...

Schauen wir uns das im Einzelnen an:

1. Atemfrequenz: diese kannst Du bereits ab der ersten Sekunde nachahmen, ohne dass es auffallen wird. Achte dabei auf die Bewegung des Brustkorbs.

2. Gestik: schlägt Dein Gesprächspartner ein Bein über das andere, tust Du das auch, sobald er seine Körperhaltung ändert. Seine geänderte Körperhaltung ahmst Du ebenfalls nach, sobald er auch diese wieder ändert. Versetztes Pacen ist wichtig, um unauffällig zu bleiben. Das bedeutet, passe Deine Gestik nicht zeitgleich an. Warte ein paar Augenblicke.

3. Mimik: Du kennst sicherlich Menschen, die eine ausgeprägte Grimasse während eines Gespräches ziehen. Die Unterlippe wird nach vorn geschoben, wenn sie überlegen, oder die Augen zusammengekniffen, wenn ihnen etwas nicht gefällt. Kopiere diese Eigenarten. Suchen Dir zwei bis drei derer Lieblingsgesichtszüge heraus und wende diese im Gespräch an. Vergiss nicht: immer dabei lächeln! Ein Lächeln in

Deinem Gesicht wird vom Gehirn Deines Gegenübers wahrgenommen und automatisch mit guter Laune in Verbindung gebracht. Auch die Laune des Targets wird sich in den nächsten Minuten des Gesprächs schlagartig verbessern. Einen grimmigen Gesichtsausdruck kann selbst ein unzufriedener Mensch nicht auf Dauer aufrechterhalte. Zumindest dann nicht, wenn er sich mit Menschen umgibt, die fröhlich sind und viel lächeln.

4. Sprachgebrauch: Alle Menschen weisen eine gewisse Eigenheit in ihrer Sprache auf. Einige sagen ständig „genau, genau" oder verwenden übermäßig oft andere Füllwörter wie zum Beispiel „okay" oder „aha". Wieder andere verwenden gerne ein und denselben Fachausdruck. Diese Wörter nehmen wir während des Gesprächs in unsere Konversation auf, um einen weiteren Aspekt anzubieten, dass sich unser Gegenüber immer mehr mit uns identifizieren kann. Keine Sorge. Es wird nicht auffallen. Im Gegenteil. Sein Unbewusstes wird ihm sagen, dass er sich gerade mit einem Seelenverwandten unterhält.

5. Geschwindigkeit der Sprache: Jede Person spricht in seiner eigenen Geschwindigkeit. Achte auch darauf und passe Deinen Redefluss dem Deines Partners an.

6. Intervall des Liedaufschlags: Auch den Liedaufschlag kann man nachahmen. Sollte Dir eine Person gegenüberstehen, welche jede Sekunde blinzelt, so etwas gibt es, tust Du mir jetzt schon leid, aber es kann helfen, wenn Du diesen Tick auch (abgeschwächt) imitierst.

7. Körperhaltung: Ahme keine negative Körperhaltung nach. Steht und geht Dein Target allerdings auffällig gerade, so tust Du das ebenfalls. Nimm auch stets eine offene Körperhaltung ein.

8. Kleidungsstil: Es gibt einen alten Spruch, der besagt, dass man, wenn man ein bestimmtes Ziel erreichen möchte, sich immer so kleiden soll, als stünde man bereits am Ziel. Wenn Du also ein kleiner Angestellter einer Firma bist, im Büro arbeitest und Dich bis zur Chefetage hocharbeiten willst, solltest Du Dich auch als kleiner Arbeiter bereits entsprechend kleiden. Wenn Du es also mit jemandem zu tun hast, den Du von Dir überzeugen willst, imitiere dessen Kleidungsstil.

9. Lebensweise: Dein Target treibt regelmäßig Sport und Deine Anstrengung besteht bislang nur darin, unzählige Bierkisten in die Wohnung zu tragen? So wird keine Seelenverwandtschaft hergestellt. Erkundige Dich, welchen Sport die Zielperson treibt, was sie gerne in ihrer Freizeit unternimmt oder welch anderweitigen Hobbys diese betreibt. So kannst Du mitreden und Dein Gegenüber kann sich mit Dir leichter auf derselben Stufe treffen.

Grundsätzlich noch einmal: Ahme keine negativen Körperhaltungen nach, wie in etwa Nasebohren oder eine Mimik, von der wir mittlerweile wissen, wie negativ sie sich auf das Unbewusste des Anderen auswirkt. Eine verschlossene Körperhaltung wäre so etwas zum Beispiel. Dein Gesprächspartner wird Deine verschlossene Körperhaltung und ablehnende Gestik sofort ändern, wenn er sieht, dass er sich mit Dir identifizieren kann und keinerlei Gefahr für ihn besteht. Er wird anfangen nun auch DICH unbewusst zu spiegeln. Immerhin will er ja auch bei Dir gut ankommen, da Du ihm sympathisch wirst. Lächele daher stets. Sei charmant, witzig und präsentiere Dich immer mit einer offenen Körperhaltung. Dein Gegenüber wird sich nun bestens mit Dir identifizieren können, da Du ihn beinahe eins-zu-eins kopierst. Er wird unbewusst begeistert sein, welch tollen Menschen er heute kennengelernt hat.

Unterschätze diese auf den ersten Blick unscheinbaren Methoden nicht. Wenn Du damit arbeitest, wirst Du merken, dass Du immer besser wirst. Ich könnte niemals Gedanken anderer Menschen an deren Körpersprache ablesen, könnte ich diese Basics nicht. Je besser Du wirst und Dich mit dieser Materie befasst, desto genauer kannst Du erkennen, woran Deine Mitmenschen denken. Gedanken lesen und diese beeinflussen gehören zusammen. Ohne Yin gibt es kein Yang. Verstehst Du eine fremde Sprache, kannst Du diese auch immer besser sprechen. Es spielt dabei keine Rolle, ob es sich um eine ausländische Sprache oder um Körpersprache handelt. Oft werde ich gefragt, ob es sich denn nicht um eine geschickte Kameratechnik handelt, wenn ich während eines Effekts gefilmt werde, oder mir wird unterstellt, dass doch etwas abgesprochen wurde. Ich kann Dir garantieren, dass beides nicht zutrifft. Sicherlich gibt es auch Kniffe, die vonnöten sind, wenn ich einen neuen Effekt entwickle, aber meine Werkzeuge sind die Techniken des NLP und der Hypnose. Nur so bin ich auch in der Lage, extrem surreal wirkende Effekte zu zeigen. An diese Vorwürfe von Skeptikern habe ich mich gewöhnt. Je unglaublicher ein Effekt erscheint, desto mehr wird mir unterstellt, dass ich mit Tricktechniken arbeite. Ich streite nicht ab, auch Kniffe zu verwenden, ich bin ja kein sogenannter „Psychic". Uri Geller beispielsweise behauptet, er könne Löffel verbiegen und Uhren stoppen. Ich behaupte das nicht von mir. Es handelt sich um geschickte Illusionen, die unter anderem dadurch zustande kommen, meine Zuschauer in ihrer Wahrnehmung und in ihrem Fokus gekonnt zu lenken. Mein Slogan lautet: „Ich kreiere Effekte, die so echt aussehen, als könnten sie real sein." Ein Zauberer täuscht das Auge, ein Mentalist das Gehirn und die Psyche.

Barnum-Aussagen

Als guter Menschenleser sollte man so viel wie möglich über sein Gegenüber wissen. Um sich besser verkaufen zu können, muss man diese Technik der Barnum-Aussagen beherrschen. Handleser nutzen übrigens die gleiche Methodik, ebenso Kartenleger, in Verbindung mit einigen unserer beschriebenen Techniken. Der Barnum-Effekt oder Forer-Effekt bezeichnet die Neigung von Menschen, vage und allgemeingültige Aussagen über die eigene Person als zutreffende Beschreibung zu akzeptieren. Der Begriff wurde von Paul Meehl eingeführt und wurde nach Phineas Taylor Barnum benannt, der ein riesiges Kuriositätenkabinett unterhielt, das für jeden Geschmack etwas bieten konnte („a little something for everybody"). Typische Barnum-Aussagen nehmen Bezug auf die bei den meisten Menschen vorhandenen Wünsche und Ängste. Sie formulieren diese in einer Sowohl-als-auch Phrase oder verwenden Allgemeinplätze oder Mehrdeutigkeiten. Die meisten Menschen werden so diesen Aussagen zustimmen. Dennoch werden derart formulierte Aussagen dann oft als überraschend oder gar besonders zutreffend erlebt. Daher lässt sich die Wirkung von Barnum-Aussagen bewusst einsetzen, um andere Menschen zu manipulieren.

Das Forer-Experiment

Bertram Forer experimentierte 1948 mit seinen Studenten. Nach einem angeblichen Persönlichkeitstest übergab er ihnen ihre Auswertung, die er mit Aussagen gespickt hatte wie: „Ich bin tendenziell selbst-

kritisch", „Ich werde unzufrieden, wenn ich mich eingeschränkt fühle, und mag ein gewisses Maß an Veränderung", „Auch wenn ich nach außen kontrolliert und selbstdiszipliniert erscheine, bin ich manchmal innerlich unsicher". Diese hatte er Horoskopen entnommen. Solche Aussagen enthalten Ambivalenzen, die zutiefst menschlich sind, wie etwa die Sehnsucht nach Sicherheit und Stabilität, die aber mit dem Wunsch nach Veränderung und Aufregung korreliert.

Barnum-Aussagen sind in der Regel nicht überprüfbar und schon gar nicht widerlegbar. Sie betonen Aspekte, die allen Menschen gemeinsam sind, oder Eigenschaften, die Menschen gerne besitzen würden. Solche Barnum-Aussagen sind in Zeitungshoroskopen zu finden. Auch Michel Gauquelin lud einmal über eine Zeitschrift dazu ein, ein ganz persönliches Gratis-Horoskop inklusive individuellem Persönlichkeitsprofil zu bestellen. Er verschickte daraufhin all seinen Kunden ein und dasselbe Gutachten. In dem beigefügten Fragebogen sollten nun die Adressaten beantworten, wie treffgenau sie ihr Persönlichkeitsprofil empfunden hätten. Über neunzig Prozent waren begeistert von der Analyse, obwohl als Grundlage für die pseudo-astrologische Auswertung das Persönlichkeitsprofil des französischen Serienmörders Marcel Petiots verwendet wurde.

Eine typische Persönlichkeitsbeschreibung eines Barnum-Effekts wäre demnach: „Sie nehmen nicht einfach alles unbewiesen hin, sondern prüfen gern kritisch, ob das, was man Ihnen erzählt, auch wirklich stimmt. Zudem sind Sie ein Mensch, der ein gewisses Maß an Abwechslung und Veränderung bevorzugt und sich ungern durch Verbote oder Beschränkungen einengen lässt. Vermutlich gibt es aber auch manchmal Situationen in Ihrem Leben, in denen Sie sich fragen, ob Sie die richtige Entscheidung getroffen haben."

Barnum Formulierungen nutzen

Durch Formulierungen wie „Eine Entscheidung, eine Veränderung steht an" werden Rahmenvorgaben abgesteckt, die alle Situationen abdecken. Das Versprochene wird dann in jedem Fall zutreffen. Wenn es heißt, dass man bald die große Liebe findet, dann kann „bald" für den einen die nächste Woche sein, für den anderen das nächste Jahr. Man wird diese Aussage nie widerlegen können. Häufig werden auch Gegensätze formuliert: „Sie sollten weniger grübeln und mehr Tatendrang beweisen". Dadurch entstehen Skalen der Befindlichkeit, auf denen jeder Mensch seine eigene Position finden kann. Auch werden Gegensätze häufig verwendet, etwa der Rat, dass man Chancen und Karrieremöglichkeiten nutzen sollte, aktiv sein sollte oder an den Vorgesetzten Forderungen stellen sollte, aber gleichzeitig auch Geduld haben, bei Konflikten abwarten, alles prüfen, und Zurückhaltung zeigen müsste.

Im Grunde geht es in Horoskopen daher um Mäßigung, um das Vermeiden von Extremen. Horoskope bilden so einen Bereich des Mittleren aus und die meisten Menschen fühlen sich dort selbst am wohlsten. Viele Metaphern und Beschreibungen wie: „Sie sind auf einem guten Weg", „auf der Überholspur", „Stolpersteine", „Notbremse" lassen den Bezug bewusst unklar. Beliebt sind auch Sprichwörter und Allgemeinplätze, da sie sich nicht widerlegen lassen, wie zum Beispiel: „Was Du heute kannst besorgen ...", oder „Jedes Ding hat zwei Seiten", das ist nie wirklich falsch. Die sprachlichen Elemente besitzen ein Allgemeinheitspotenzial, die der Einzelne für sich interpretiert, sodass es allein auf den Leser ankommt, wie weit er ein Horoskop als zutreffend annehmen wird oder nicht. Hinzu kommt, dass Menschen Erklärungsmodelle lieben, die irgendetwas über sie selbst aussagen. Bei Horoskopen kommt dann noch der Hauch des Geheimnisvollen und des Magischen hinzu, das heißt, der Mensch fühlt sich direkt von überirdischen Mächten angesprochen. Besonders in Jahreshoroskopen finden sich schmeichelhafte Formulierungen wie „Sie sind attraktiv und intelligent und können alles erreichen". Horoskope sind dabei von Spezialisten häufig auf die Zielgruppen der Zeitschriften ausgerichtet. In Frauenzeitschriften finden sich daher häufig Komplimente und in Hochglanzmagazinen rät man den Lesern „Tanken Sie Energie, gönnen Sie sich einen Wellness-Urlaub!" Horoskope spiegeln daher auch gesellschaftliche Strukturen und Realitäten wider.

Vor allem Wahrsager nutzen gerne universelle Aussagen, die auf fast jeden Menschen zutreffen. Sie erwecken den Eindruck, viel über eine Person zu wissen. Der auf diese Weise Angesprochene bekommt dadurch das Gefühl, das Gegenüber würde ihn schon lange kennen, öffnet sich und es ist leicht, mehr über spezifische Motive und Bedürfnisse herauszufinden. Universelle Aussagen sind einfach gehaltene Aussagen, die für einen Menschen sehr charakteristisch wirken, besonders in Eins-zu-eins-Gesprächen. In Wahrheit bleiben Wahrsager aber sehr allgemein und oft mehrdeutig, wodurch sie auf jede beliebige Person anwendbar sind. Universelle Aussagen sprechen das Wunschdenken an, denn man erzählt auf diese Weise einem Menschen nur, wie er gern von anderen wahrgenommen werden möchte. Dabei ist es gleichgültig, ob das, was man sagt, wirklich passt. Allein wichtig ist und bleibt nur, dass das Gegenüber es als wünschenswert erachtet und daher unbewusst zustimmt.

Cold reading

Wenn man also selbst durch Körperhaltung, Gestik, Mimik und Sprache Menschen manipulieren kann, so kann man genauso gut andersherum ablesen, in welcher Gefühlslage sich eine Person befindet, woran sie in etwa denkt, welche Art Charakter sie wohl haben wird, und man kann ablesen, ob sie gerade lügt oder die Wahrheit sagt.

Augen

Sicherlich hast Du schon etliche amerikanische Krimis im Fernsehen gesehen. Wenn Du genau hingesehen hast, wirst Du gesehen haben, dass hier meist zwei Polizisten bei der Befragung von Zeugen vor Ort sind. Ein Fragesteller, der Andere schreibt. Er notiert hierbei aber nicht nur die Antworten der Zeugen, sondern achtet genau auf deren Augenbewegungen, während die Befragten kurz überlegen. Er achtet auch auf andere Dinge, wie zum Beispiel die Gestik und die Mimik, und schreibt diese auf.

Wozu? Nun, Wir alle verraten uns durch unsere unbewusste Mimik oder durch unsere Augenbewegungen, wenn wir beispielsweise lügen. Selbst ich, der alles über diese Techniken weiß, kann in bestimmten Momenten meine Augen nur schwer kontrollieren. Was genau hat es also mit den verräterischen Augenbewegungen auf sich? Nun, wir achten auf die Augenstellung. Viele Menschen sehen zum Beispiel nach oben, wenn sie sich etwas vorstellen. Im mittleren Bereich bewegen wir unsere Augen, wenn wir diese Vorstellung auditiv repräsentieren, also uns eher an das Gesprochene erinnern, an die Geräusche beispielsweise eine Autohupe oder ähnliches. Nach unten sehen wir, wenn wir diese Vorstellung kinästhetisch erinnern, sie also eher fühlen oder mit uns rumdiskutieren. Das können physische und emotionale Gefühle sein. Herzschmerz, eine Berührungen, Freude, Ärger und ähnliches mehr.

Wenn wir nun einen nachdenkenden Menschen beobachten, können wir jetzt bereits sagen, wie er an was denkt. Denkt er eher visuell (oben), auditiv (mittlerer Bereich) oder denkt er kinästhetisch (unten). Das ist doch für den Anfang schon einmal sehr beeindruckend, nicht wahr? Mit dieser Kenntnis können wir aber noch viel mehr anstellen. Wollen wir das beispielsweise in der Praxis testen, überraschen wir unsere Mitmenschen mit einem simplen, nicht durchschaubaren Trick. Wir lesen deren Gedanken, indem wir ihnen drei Kurzgeschichten zur Auswahl geben.

Die erste Geschichte: Stellen Sie sich vor, Sie stehen vor Ihrem persönlichen Traumauto. Sie sehen sich die Reifen an, dann die Karosserie und die Sitze.

Die zweite Geschichte: Sie befinden sich auf einem Rockkonzert ihrer Lieblingsgruppe oder in einem Konzertsaal (je nach Zielgruppe).

Die dritte Geschichte: Sie stehen im Badezimmer und duschen sich mit eiskaltem Wasser ab. Sie spüren das kalte Nass an Ihnen herunterfließen.

Dein Gesprächspartner darf sich nun eine Geschichte davon aussuchen und soll sich auf diese stark konzentrieren. Achte dabei auf dessen Augenstellung. Du wirst mit sehr großer Wahrscheinlichkeit erkennen können, an welche Geschichte er denkt. Ein verblüffender kleiner Test. Auf Partys kommt der immer wieder gut an. Probiere es aus.

Nun ist es so, dass man durch diese Methode auch Lügen erkennen kann. Wir erinnern uns an die Polizisten im Krimi. Werden wir etwas gefragt und müssen daraufhin eine Lüge konstruieren, sehen wir nach oben, um uns den Vorgang visuell vor Augen zu halten. Nun kommt

es darauf an, ob wir nach links oder rechts oben sehen, während wir nachdenken. Bewegen wir unsere Augen von uns aus gesehen nach rechts oben, konstruieren wir ein Ereignis, welches nie stattgefunden hat, sehen wir stattdessen von uns aus gesehen nach links oben, rufen wir eine Erinnerung ab, welche tatsächlich stattgefunden hat. Als Faustregel habe ich mir folgende Eselsbrücke für Dich ausgedacht: Sieht der befragte von uns aus gesehen nach links oben, handelt es sich um eine Lüge („L" wie links und „L" wie Lüge). Somit können wir diese Technik nun überall einsetzen, wo wir sie gebrauchen können. Allerdings gibt es einige Besonderheiten bei diesem „Lügendetektor". Achte auf die erste Augenbewegung, die Dein Gegenüber unmittelbar nach Deiner Fragestellung tätigt. Sollte er nur ganz kurz, für einen Bruchteil einer Sekunde, nach links oben oder rechts oben sehen, um dann mit dem Blick wieder abzuschweifen, ist das schon die Antwort. Manche Menschen denken sehr schnell oder sind schlagfertiger und somit auf schnelle Antworten trainiert. Sie sehen somit unterschiedlich lange in die entsprechende Richtung. Hier gilt es wieder zu üben.

Weiterhin gibt es ein paar sehr wenige Ausnahmen von Menschen, deren Gehirn etwas anders funktioniert. Dies ist beispielsweise bei manchen Linkshändern der Fall. Hier gilt es unbedingt zu kalibrieren, bevor man einen anderen der Lüge bezichtigt. Kalibrieren bedeutet deren Denkweisen auf bestimmte Denkmuster zu überprüfen. Stelle vor dem Gespräch sicher, ob Dein Gegenüber Rechts- oder Linkshänder ist. Lasse beispielsweise einen Gegenstand so fallen, dass dieser ihn aufhebt, um ihn Dir wieder zurückzugeben, oder reiche ihm einen Kugelschreiber. Achte dabei auf seine Hand, mit der er diesen greift. Stelle ferner vor Deiner entscheidenden Fragestellung eine Frage, bei der er die Wahrheit sagen muss, und eine Frage, bei der er lügen muss. Es sollte sich um Fragen handeln, welche er sich visuell vorstellen muss. Sei einfach ein bisschen kreativ. Du könntest beispielsweise etwas über das Wetter fragen. Sollte sich nun bei Deinem Lügendetektortest herausstellen, dass die Person von Dir aus gesehen nach links oben sieht, also lügt, solltest Du unbedingt auf weitere verdächtige Gesten achten. Hake also nach und reite ruhig auf der Falschaussage herum und beobachte dabei die Person. Verdächtige Gesten wären zum Beispiel: ständiges Naseberühren, Ohrläppchenkratzen oder schnellere Atemfrequenz. Das wären mal die wichtigsten.

Bill Clinton griff sich zum Beispiel bei seiner kurzen Verteidigungsrede zur Lewinsky-Affäre überdurchschnittlich oft an die Nase. Experten nahmen das sofort zum Anlass, ihn inoffiziell für schuldig zu halten, was sich im Nachhinein ja auch bestätigte.

Kleidung & Outfit

Am Kleidungsstil Deines Gegenübers sowie an dessen Schmuck kannst Du viel über dessen Charakter ablesen. Selbst anhand der Zigarettenmarke lässt sich so einiges über seinen Lebensstil sagen.

Wenn Dein Target sich sehr wichtig nimmt und in scheinbar teurer Kleidung auftritt, solltest Du auf Gürtel und Schuhe achten. Handelt es sich bei nur einem der beiden Kleidungsstücke um billige oder zerschlissene Ware, ist weder dessen Uhr sehr teuer, noch besitzt dieser wirklich die Reichtümer, von denen er erzählt. In diesem Fall wirst Du diese Person bereits durch diesen einen Blick als Aufschneider entlarven.

Was sagt Kleidung wirklich über Menschen aus? Kleider machen Leute, das besagt zumindest ein bekanntes Sprichwort. Aber macht Mode denn wirklich so viel Eindruck und kann uns der Kleidungsstil tatsächlich etwas über den Menschen sagen, der unter den Schichten an Stoffen liegt? Ist der Kleidungsstil eines Menschen das „Fenster zum Inneren"? Unter den Psychologen zumindest herrscht mehrheitlich die Meinung, dass wir Menschen gar nicht anders können, als mit unserem Kleidungsstil unserer Persönlichkeit Ausdruck zu verleihen . Verrät unser Erscheinungsbild also unseren Charakter? Kann mit dem Aussehen und dem Stil unseren Mitmenschen vorgegeben werden, wie sie uns wahrnehmen bzw. wie wir wahrgenommen werden wollen?

Die Sprache der Mode findet zumeist aber auf unbewusster Ebene statt, so Sozialpsychologe Dr. Carlo Michael Sommer in einem Interview mit dem PM-Magazin . Schon der erste Eindruck zählt, denn bereits

mit dem ersten Blick ordnen wir andere Menschen in gesellschaftliche Schubladen ein, auch wenn es zunächst nur ein vorläufiges Bild ist. Daneben wollen wir nach Ansicht des Sozialpsychologen mit unserer Kleidung und unserem Stil unserer Umwelt auch einen Eindruck davon geben, wer wir sind. Das sei aber noch nicht alles, so Sommer, denn was wir anziehen, beeinflusse nicht nur unsere Mitmenschen, sondern auch uns selbst. Die Kleidung habe auch Einfluss auf unser Verhalten, z.B. präsentieren sich Frauen in High Heels anders als in Turnschuhen.

Nach Ansicht von Psychologen zeigen die Menschen durch ihre Kleidung, wer sie sind und woher sie kommen, aber auch etwas über ihre soziale Stellung und zu welcher Gruppe sie sich zugehörig fühlen. Jede Gruppe habe ihren eigenen Kleidungsstil: z.B. Konservativ-klassisch, Punk, Military, Rock, Visual Key oder Hippie. Daneben verrät der eigene Stil aber noch viel mehr, so die Experten. So beschreibe er unter anderem die politische Überzeugung, die Persönlichkeit, das Temperament oder gar welche Musikrichtung man bevorzugt. Kleidung soll jedoch nicht nur zeigen, welcher gesellschaftlichen Gruppe wir uns zugehörig fühlen, sondern soll auch unsere Individualität unterstreichen. Ein Balanceakt zwischen Abgrenzung und Anpassung.

Vorurteile?

Wer an Punks denkt, der sieht vor seinem geistigen Auge Stiefel, Leder, Ketten, Piercings. Bei Bankangestellten stellt man sich Männer und Frauen in Anzügen/Kostümen, Schnürschuhen/Pumps, Krawatte/Perlenkette vor und Hip-Hop-Fans tragen alle zu weite Hosen, die die Unterhosen hervorblitzen lassen, Sneakers, weite Shirts und Caps. Aber stimmt das wirklich? Sind das nicht eigentlich alles Vorurteile?

Der erste Eindruck kann durchaus täuschen. Aber in den meisten Fällen, so Psychologe Sommer gegenüber dem PM-Magazin, würde der erste Eindruck, der wahrgenommen wird, bestätigt, und falls nicht, müsse man sein Vorurteil halt revidieren.

Als kleines Kind suchen die Eltern einem noch die Kleidung aus, doch sobald die Kinder ins Teenageralter wechseln, fangen die meisten an sich für Mode zu interessieren und wollen ihren eigenen Stil entwickeln. Dabei orientieren sie sich an Freunden, aber auch Promis und Tipps aus Jugendzeitschriften – also eher dem Mainstream. Der eigene Stil, so Sommer weiter, entwickelt sich zwischen dem 20. und 30. Lebensjahr und danach würde der dann gefundene Stil meist beibehalten. Je älter man wird, desto weniger experimentierfreudig sei man. Jedoch sind wir auch im Alter nicht davor gefeit, uns von den Modetrends beeinflussen zu lassen, und manchmal sei das sogar nötig, da der Modegeschmack vielleicht doch zu extrem in der Vergangenheit liegt.

Schlechter Modegeschmack

Ein modischer Fauxpas ist keine Seltenheit. Es gibt sicherlich keinen Mensch auf dieser Welt, der es sich nicht schon mal erlaubt hat, voll danebenzugreifen – zumindest in den Augen der anderen. So etwas kommt halt vor – beabsichtigt, weil es einem tatsächlich gefällt, oder unbeabsichtigt. Die amerikanische Psychologin und Modeexpertin Jennifer Baumgartner erklärte in der Amica , dass hinter Kleiderpannen jedoch auch noch mehr stecken kann. So könne ein modischer Fauxpas Ausdruck eines inneren Konfliktes sein, denn unsere Kleidung reflektiere immer, was wir denken und was wir fühlen.

Tattoos und Piercings

Trägt Dein Target Tätowierungen und Piercings? Je mehr davon, desto besser für Dich! Solltest Du vorhaben ein Date mit dieser Person anzustreben, kannst Du dich darauf einstellen, dass Du einem sexuell sehr aktiven und offenen Menschen begegnen wirst. Dies gilt übrigens

für Frauen und Männer gleichermaßen. Wo wir gerade beim Sex sind. Es gibt da noch eine Faustregel. Man sagt, je hochgeschlossener eine Frau gekleidet ist, desto sexuell desinteressierter ist diese in diesem Moment. Dies bedeutet nicht zwangsläufig, dass dies ein Dauerzustand ist. Studien bei mehreren Tausend befragten Frauen in Diskotheken ergab, dass einige davon gerade zu dieser Zeit ihre Tage hatten oder andere Umstände für diesen Kleidungsstil verantwortlich waren. Ich lasse grundsätzlich die Finger von diesen Targets, wenn ich durch das Nachtrevier streife.

Fingernägel

Fingernägel sind zwar kein Accessoires, dennoch kann man an ihnen ablesen, wie gepflegt ein Mensch ist. In der Damenwelt kursiert ein Spruch, welcher wohl seine Berechtigung haben wird: „Wie die Fingernägel aussehen, so sieht es in dessen Unterhose aus!" Also immer darauf achten auch die eigenen Hände und Nägel stets pflegen. Nichts turnt Frauen mehr ab als zerschlissene Hände und unsaubere Fingernägel.

Ringe an bestimmten Fingern

Ringe an bestimmten Fingern haben ihre Bedeutung . Nicht nur, dass sie uns beispielsweise am Daumen getragen selbst ein dominantes Gefühl durch bestimmte Nervenbahnen an diesem Finger zurückgeben, auch andere Menschen werden uns daher als eher dominante Personen wahrnehmen. Dies mag für Türsteher oder Kämpfer förderlich sein, für andere Berufe eher weniger. Welcher Ring an welchem Finger für bestimmte Charaktereigenschaften Deines Gegenübers steht, verrate ich Dir in diesem Abschnitt. Für Aufreißer empfehle ich einen Ring am kleinen linken Finger, da dieser unbewusst vermittelt, dass sie alles mit

links und dann auch noch mit dem kleinen Finger schaffen. Nicht umsonst tragen auch Mafiosi gerne hier ihren Siegelring.

Wenn ich auf der Suche bin, achte ich selbst im Supermarkt darauf, an welchem Finger eine Dame ihre Ringe trägt. Zum Beispiel wenn sie in ein Regal greift, kann man schnell erkennen, ob sie zum Beispiel verlobt ist (Finger weg! Diese Dame ist frisch verliebt und ist nicht offen für eine Affäre oder mehr) oder ob sie verheiratet ist (gute Chancen, wenn man das Alter abschätzt, die Abnutzung des Rings und eine gewisse Rechnung aufstellt, welche ich später im Kapitel für Aufreißer-Techniken beschreibe).

Ein am linken Zeigefinger getragener Ring symbolisiert Glaube, Optimismus und Ehrgeiz, Kraft und Macht. Wer ihn am rechten Zeigefinger trägt, verfügt über zu wenig Selbstbewusstsein und fröhnt wohl eher der Verantwortungslosigkeit.

Der Mittelfinger ist mit Arbeit, Prinzipien und Regeln verbunden. Ring auf dem rechten Mittelfinger bedeutet, dass das Leben des Trägers von Verboten und Beschränkungen gezeichnet ist. Am linken Mittelfinger, dass es der Person nur mit Mühe und Not gelingt, die aus der Kindheit mitgebrachten Tabus loszuwerden.

Der Ringfinger spiegelt die Kreativität und die Beziehungen mit Partnern wider. Am rechten Ringfinger getragen, symbolisiert er das materielle oder geistige Engagement, am linken zeigt er den Wunsch, kreativ zu wachsen.

Kleine Finger stehen für Intelligenz und Schlauheit. Am rechten kleinen Finger getragen bedeutet, dass dieser Mensch weiß, wie man andere Menschen manipulieren kann. Der mit einem Ring geschmückte linke kleine Finger bedeutet, dass dessen Gefühle durch den Intellekt kontrolliert werden.

Augen- und Fingernageldiagnostik

Auch diese Technik ist wichtig für einen Mentalisten oder Menschenleser. Des Öfteren fragen mich Leute, ob ich ihnen aus der Hand lesen könne. Wenn ich diese besondere Kunst vorführe, lese ich zuerst sehr viel mit der Cold Reading-Technik aus deren Körperhaltung und den Augen. In der Iris der Augen kann man beinahe jede Krankheit ablesen, da es hier zu kleinen Knotenpunkten kommt, welche man als geschulter Mensch sehr gut erkennen kann. Die Irisdiagnostik hat eine lange Tradition und lässt sich bis in das 17. Jahrhundert zurückverfolgen. Da es sich allerdings um ein tiefgründig medizinisches Thema handelt, möchte ich Dich bitten, bei Interesse entsprechende Fachliteratur darüber zu lesen. In diesen Fachbüchern sind Iriskarten abgebildet, die denen der Fußreflexzonen sehr ähnlich sind. Es ist leicht zu erlernen und ermöglicht einen tiefen Blick in die gesundheitliche Vergangenheit Deines Targets.

Es gibt aber auch sehr leicht lesbare Lebensgewohnheiten sowie Krankheiten, welche man auf den ersten Blick eines Menschen erkennen kann. Oft sogar noch bevor er es selbst weiß. Heraustretende Augäpfel sind beispielsweise ein Zeichen für Schilddrüsenüberfunktion, nach innen fallende Augäpfel weisen hingegen auf eine Unterfunktion hin. Es gibt auch Ärzte, welche sich zuerst die Fingernägel ihrer Patienten ansehen, denn auch an ihnen lassen sich bestimmte Krankheitssymptome oder geschädigte Organe erkennen. Jeder Finger steht dabei für ein bestimmtes Organ. Fingernägel deuten ebenfalls auf bereits vergangene Krankheiten hin. Vielleicht hast Du auch bei Dir schon einmal vorübergehende weiße kleine Flecken auf den Fingernägeln entdeckt. Weiße, kleine, längliche Flecken auf folgenden Fingernägeln deuten auf einen angeschlagenen Gesundheitszustand bestimmter Organe hin:

- Kleiner Finger rechts: Herz-Kreislaufsystem

- Ringfinger rechts und links: Nieren sind angeschlagen

- Einer der beiden Mittelfinger: Leber leicht bis schwer geschädigt.

Warum sich manche Krankheiten auch in diesen Nagelveränderungen zeigen, ist bis heute nicht bekannt. Eine Rolle könnte spielen, dass die Krankheit Durchblutungsverhältnisse und Stoffwechsel verändert.

Übrigens deuten bläuliche Verfärbungen der Nägel und Lippen auf eine Sauerstoffunterversorgung des Blutes und somit auf Herz- Kreislauferkrankungen hin. Achte aber einfach auch mal darauf, ob Dein Gegenüber vielleicht einfach nur friert, weil es kalt ist. Ist das der Fall, tritt ein ähnlicher Effekt auf – kennen wir ja alle.

Rissige Nagelbetten zeugen übrigens meist von kürzlich vorgenommenen Operationen. Marmorierte Handinnenflächen deuten auf übermäßigen Alkoholgenuss hin!

So. Jetzt habe ich Dir die wichtigsten Anhaltspunkte des Cold Readings gezeigt. Diese reichen uns absolut aus, um damit arbeiten zu können und unfassbare Ergebnisse zu erreichen. Wenn Du Dich für detailliertere Lesetechniken interessierst, kannst Du gerne einen Kurs bei mir buchen oder entsprechende Fachliteratur Dir über das Cold Reading und NLP besorgen. Meine Kontaktdaten findest Du am Ende des Buchs.

So unglaublich es Dir anfangs erschienen sein mag, die Gedanken anderer Menschen lesen zu können, umso verständlicher ist es sicherlich jetzt für Dich, dass es durchaus möglich ist. Es ist kein Hexenwerk, gedachte Namen, Geheimzahlen oder anderes abzulesen. Einzig die Techniken solltest Du bis in die kleinste Nuance beherrschen. Es klingt ja auch logisch, denn wir wissen nun, wie leicht wir anhand weniger Augenbewegungen Wahrheit, Lüge und sogar erdachte Geschichten aus den Gesichtern unserer Mitmenschen lesen können.

In der Mentalmagie werden unter anderem geschickte, unbewusst arbeitende Trigger gesetzt, um an der Mimik des Anderen eine Reaktion abzulesen und unfassbare Illusionen zu erschaffen. Es steckt sehr viel Arbeit hinter jedem dieser manipulativen Tricks. Ich habe eingangs ja versprochen, Dir das Gedankenlesen beizubringen. Diesem Versprechen

werde ich jetzt auch nachkommen. Zumindest soweit mir das in nur einem Buch möglich ist.

Magie der Verführung. | Grundlagen

Remote Viewing

Was ist Remote Viewing?

Beim Remote Viewing (Fernwahrnehmung) handelt es sich um eine Technik, mit der auf übersinnliche Weise Informationen über räumlich (und sogar zeitlich) entfernte Ziele gewonnen werden können. Im Gegensatz zu vagen Begriffen wie „Hellsehen" oder sonstigen mystifizierten Methoden, gibt es beim Remote Viewing eine klare und geradezu nüchterne Vorgehensweise.

Offiziell wurde die Technik des Remote Viewings erstmals in den 1970er Jahren von einer geheimen Einheit des US-Militärs entwickelt. Man erkannte, dass damit nützliche Informationen über Orte und Geschehnisse erbracht werden konnten, die mit physischen Mitteln (z.B. Spionage) kaum oder gar nicht zu erreichen waren. Ein bekanntes Beispiel ist die Entdeckung der russischen Akula-Klasse. Das ist ein übergroßes Atom-U-Boot. Diese über das Remote Viewing gewonnenen Informationen deckten sich dann später exakt mit den von den Geheimdiensten gewonnenen Informationen. Im Jahre 1995 wurde das Remote-Viewing-Projekt (offiziell) beendet und offengelegt. Seitdem ist es unter dem Namen „Stargate" bekannt (hat nichts mit der Sci-Fi-Serie zu tun). Alle Techniken wurden durch die Ex-Teilnehmer öffentlich verfügbar gemacht.

Der angebliche Grund der Projekt-Einstellung ist, dass die Ergebnisse nicht wirklich nützlich genug waren, um den Aufwand zu rechtfertigen. Wenn man sich allerdings mit den Studien dazu beschäftigt (die offenbar von voreingenommenen Skeptikern betrieben wurden), wird man schnell misstrauisch. Vieles von diesem Projekt steht nach wie vor unter Geheimhaltung. Man könnte also annehmen, dass die veröffentlichten Teile nur insignifikantes Material beinhaltet. Vermutlich wollte man das an die Öffentlichkeit gelangte Remote Viewing dadurch für unwirksam erklären, um unbehelligt neue Geheimprojekte dieser Art forcieren zu können.

So viel ganz grob zur Geschichte des Remote Viewings. Einen etwas detaillierten Einblick verschaffen Dokus auf youtube oder entsprechende Fachliteratur .

Warum funktioniert Remote Viewing?

Die Antworten auf die Frage nach den Mechanismen des Remote Viewings sind bisher eher spekulativ. Es genügt hier wohl erst einmal zu sagen, dass das Remote Viewing davon ausgeht, dass alles in unserem Universum offenbar aus Informationsfeldern (in weiterem Kontext auch Bewusstseinsenergie genannt) besteht und dass diese Informationsfelder unabhängig von Zeit und Raum „abgerufen" werden können (siehe auch Monroes M-Feld oder Sheldrakes morphische Felder). Wie kann aber eine Person, die in der Regel nur ihre gewohnten fünf Sinne benutzt, solche Informationen abrufen? Dazu wurden nun verschiedene Techniken entwickelt, wovon ich eine mal grob beschreiben möchte. In diesem Fall die weit verbreitete Technik des sogenannten „Coordinate Remote Viewings".

Beim Coordinate Remote Viewing wird mit einer Art Koordinatenzahl gearbeitet, um Verbindung mit dem Ziel (Target) aufzunehmen.

Magie der Verführung. | Grundlagen

Diese Koordinaten haben in sich keinerlei Bedeutung, sondern bestehen aus zufälligen Zahlen. Diese kann sich der Target-Ersteller willkürlich ausdenken oder per Zufallsgenerator erzeugen lassen. Die Koordinaten dienen lediglich als eine Art Platzhalter, um eine außersinnliche Verbindung mit dem Target aufnehmen zu können (hier eröffnen sich sicherlich interessante Überlegungen für Quantentheoretiker). Man könnte es auch ohne Koordinaten-Zahl machen, aber das soll mangels einer konkreten Arbeitsgrundlage schwieriger sein.

Ein Ziel im Coordinate Remote Viewing kann folgendermaßen erstellt werden: Man nimmt irgendeine Abbildung einer realen Sache (Foto, Ausdruck, Postkarte ...) und schreibt eine zufällige Koordinaten-Zahl auf die Rückseite. Dann steckt man diese Abbildung in einen Umschlag und schreibt die Koordinaten nochmals sichtbar auf diesen drauf. Der Remote Viewer bekommt nun den Umschlag mit unbekanntem Inhalt und hat nun nur die Koordinaten vor Augen. Er kann also unmöglich wissen, was sich auf der Abbildung befindet, ohne den Umschlag zu öffnen. Nun fängt der Viewer an, das sogenannte Protokoll abzuarbeiten. Dieses beinhaltet mehrere aufeinander aufbauende Techniken, um mit dem Ziel bzw. dem entsprechenden Informationsfeld Verbindung aufzunehmen.

Die Techniken beinhalten unter anderem genau festgelegte Routinen von empfangenen Eindrücken, assoziative Zeichnungen und Fokussierungsmethoden. Den genauen Aufbau und Ablauf des Protokolls kann man einschlägiger Literatur entnehmen.

Kann jeder Remote Viewing ausüben?

Es scheint kleine Unterschiede in der Sensitivität einzelner Personen zu geben (was aber auch oft mit der Tagesform zusammenhängt), aber bisher bin ich noch niemandem begegnet, der keine signifikanten

Ergebnisse erzielen konnte (wenn auch manchmal nur kleine). Meiner Meinung nach ist mit entsprechender Übung jeder in der Lage, mehr oder weniger gute Ergebnisse zu produzieren, die deutlich über dem Zufall liegen bzw. nicht bloß geraten sein können. Das funktioniert schon mit einer „Quick & Dirty"-Methode, bei der z.B. nur die groben Eigenschaften des Targets abgefragt werden (Farben, Oberflächen etc.). Also, keine Scheu, denn auf den Versuch kommt es an.

Blitzhypnose

So kannst Du sofort loslegen

Ich traue mir ohne Weiteres zu, Dir in diesem Kapitel beizubringen, wie Du wildfremde Menschen auf der Straße durch eine sogenannte Blitz- oder Schockinduktion in einen kurzen, ungefährlichen Trancezustand versetzen kannst. Zumindest dann, wenn sie sich darauf einlassen.

Suggestibilitätstest

Stell Dir also einmal folgendes Szenario vor: Du sitzt mit Deinen Freunden abends in einer Bar. Ein Mann im Anzug kommt zu Euch an den Tisch und stellt sich als Mentalist vor. Er gibt an, jederzeit verblüffende Experimente unter Hypnose vorführen zu können. Vier Leute aus Deiner zehnköpfigen Clique stimmen zu, mitmachen zu wollen. Zunächst führt der Mentalist einen sogenannten Suggestibilitätstest vor. Er bittet die vier, die Augen zu schließen und beide Arme auszustrecken. Nun sollen sie die Hände flach ausstrecken, sodass die Handinnenflächen zueinander zeigen. Anschließend fängt er an langsam, aber kontinuierlich mit beruhigender Stimme und ohne Unterbrechung auf die Jungs einzureden: *„Stelle Dir nun vor, Deine Handflächen wären magnetisch! Und je realistischer Du es Dir vorstellst, desto magnetischer werden Deine Handflächen und werden beginnen, sich gegenseitig anzuziehen. Du kannst gerne versuchen Dich gegen diese starke, magnetische Kraft, welche nun immer stärker und stärker wird, zu wehren. Es wird Dir nicht gelingen. Die Magnete sind so extrem stark, wie es nur die stärksten dieser Welt sein könnten ..."* usw. Sobald sich die Handflächen nun berühren, dürfen die vier ihre Augen wieder öffnen.

Das nennt man einen Suggestibilitätstest. Der Vorgang dauert in etwa zwei bis drei Minuten. Dabei wiederholst Du die Suggestion wie ein Mantra. Je nachdem, wie suggestibel die Personen sind, also wie leicht sie sich auf Deine Suggestion einlassen, desto schneller werden sich auch beide Handflächen berühren, oder eben nicht. Suggestibilitätstests gibt es Aberhunderte. Du kannst sie im Internet finden. Einen von ihnen habe ich Dir jetzt vorgestellt.

Die Hauptarbeit ist damit bereits getan. Die folgende Hypnose wird nun ein Kinderspiel. Warum? Nun, ein Showhypnotiseur versucht vor der eigentlichen Hypnose den suggestibelsten Menschen aus einer Gruppe herauszufiltern. Zuerst passiert dies grob, indem er nachfragt, wer sich gerne hypnotisieren lassen möchte. Damit hat man schon mal die Menschen, welche sich auf eine Hypnose einlassen und auch den Anweisungen höchstwahrscheinlich Folge leisten werden. Dieser Selektionsprozess ist das A und O. Wenn der Proband sich nicht das vorstellt, was man ihm sagt, wird es auch keinen sichtbaren Effekt für die Zuschauer geben, die Vorführung würde damit platzen. Nachdem nun grob vorausgewählt wurde und jetzt nur noch die Personen vor dem Hypnotiseur stehen, die auch eine Hypnose erleben wollen, sucht man sich nun den Suggestibelsten unter ihnen heraus. Man nutzt einen Suggestibilitätstest. Während sich die Hände bei den einen eher langsam beginnen „anzuziehen", werden andere bereits nach dem ersten Satz schlagartig der Suggestion entgegenkommen. Genau nach dieser einen Person haben wir gesucht. Sie ist ideal. Die Anderen dürfen sich wieder setzen. Man kann sich nun absolut sicher sein, dass dieser Proband so ziemlich jeder Aufforderung des Hypnotiseurs nachkommen wird. Erstens hat er sich freiwillig gemeldet, zweitens ist er suggestibler als die

anderen und drittens steht er nun unter einem gewissen Erwartungsdruck. Somit ist er also der perfekte Mitspieler.

Einleitung der Hypnose

Es gibt nun verschiedene Möglichkeiten, die Hypnose einzuleiten. Die einfachste erkläre ich Dir nun hier: Dein Proband soll sich gerade hinstellen. Die Arme hängen entspannt an seiner Körperseite. Seine Aufmerksamkeit soll er auf Deinen nach oben deutenden, ausgestreckten Zeigefinger richten. Halte ihn starr im Abstand von etwa 40 cm vor seinen Kopf in die Luft. Deine linke Hand wird am Hinterkopf der Person platziert, und zwar leicht anliegend, ohne Luft dazwischen. Wichtig sind nun folgende Suggestionen. Wiederhole Sie unermüdlich. Später kannst Du Dir auch einen eigenen Text ausdenken. Beginne aber am Anfang am besten mit meinen Wörtern:

„Schau bitte auf meinen Finger. Dieser bewegt sich jetzt ganz langsam auf Deine Stirn zu. Sobald er diese berührt, schließt Du Deine Augen und fällst in einen tiefen, angenehmen Schlaf. Aber erst wenn er Deine Stirn berührt. Deine Augen werden immer schwerer und schwerer. Immer schwerer. Nun stell Dir vor, an Deinen Lidern hängen Bleigewichte, welche so unendlich schwer sind, dass Du deine Augen kaum noch offen halten kannst ..." Währenddessen bewegt sich der Zeigefinger weiterhin sehr sehr langsam in Richtung Stirn ...

„Immer schwerer und schwerer. Sobald der Finger Deine Stirn berührt, schließt Du deine Augen, aber erst dann. Und die Augen werden müde. Immer müder und müder und schwerer und schwerer mit jedem Wort, das ich Dir sage. Und mit jedem Wort werden die Gewichte an deinen Lidern immer schwerer und schwerer ..."

Dieser Vorgang sollte etwa 40 Sekunden dauern. Nun kommt der wichtigste Moment der Einleitung. Sobald der Finger die Stirn berührt, drückst Du nun mit der linken Hand den Hinterkopf schnell nach vorn.

Rufe urplötzlich in etwas lauterem Ton: „SCHLAF!" Streiche ihm mit der kompletten rechten Handfläche über die Augen. Das Wichtigste ist, dass dies innerhalb einer Sekunde passiert und alles sofort unmittelbar stattfindet. Ohne auch nur einen Bruchteil einer Sekunde zu verlieren.

Gut! Was ist passiert? Wir haben uns die suggestibelste Person aus dem Publikum geangelt und können davon ausgehen, dass diese tun wird, was Du sagst. Sie weiß, dass Du hypnotisieren kannst und will dies auch selbst erleben. Sie wird sich gerade hinstellen und auf Deinen Zeigefinger schauen, weil Du es ihr sagst. Sie wird sich die Hypnose- einleitung anhören und die Augen schließen, wenn der Finger die Stirn berührt. Weil Du es ihr sagst. Anschließend wird sie Deinen Anweisun- gen folgen, weil Du es ihr sagst.

Auch der Zuschauer bekommt einen tollen Effekt präsentiert. Plötz- lich sehen Sie einen Menschen, der umfällt oder scheinbar im Stehen schläft. Er muss ja hypnotisiert sein. Da kaum jemand weiß, was Hyp- nose ist, wie es sich anfühlt oder selbst bereits Erfahrungen mit Hypno- se gemacht hat, werden Deine Zuschauer Dich und Deine Leistung nun respektieren.

Um die Trance Deines Probanden nun zu vertiefen, befehle um- gehend nachdem Du dessen Augen geschlossen hast, die Augen auch geschlossen zu halten! Wiederhole das am besten zwei- bis dreimal. Werden sie geöffnet, ist der Effekt erstmal dahin. Die blitzschnelle Ab- handlungsfolge von „Kopf nach unten drücken", Augen zustreichen so- wie das etwas lauteren Wort „Schlaf" wird die Person verwirren. Und genau darauf wollen wir hinaus. Auf diesen kurzen Zustand der Ver- wirrung. Während dieser „Schrecksekunde" wird Dein Proband Deinen Anweisungen ohne Widerstand folgen. Selbständiges Handeln wird ihm in diesem Moment nicht möglich sein. Um diese kurze Phase auszunut- zen, rede nun so schnell Du kannst weiter und gebe die Anweisung, in einen tiefen entspannten Zustand zu fallen. Zum Beispiel kannst Du sagen: „*Tiefer und tiefer. Und mit jedem Wort entspannt sich auch Dein ganzer Körper, jeder einzelne Muskel. Deine Beine tragen weiterhin Dei- nen Körper, der auch weiterhin aufrecht steht, während Du immer tiefer und tiefer in diesen angenehmen Zustand der kompletten Entspannung fällst.*"

Ich füge oft noch hinzu *„... und Du fühlst, dass Du mir vertraust. Du vertraust mir, weil Du weißt, dass Du gleich absolute Entspannung erfahren und eine tolle Erfahrung machen wirst."*

Während der ganzen Zeit, nach *„Schließen der Augen"* bis zum Schluss der Suggestion, wiege ich den Kopf des Probanden mit beiden Händen sanft hin und her. Das stört seine Orientierung und verstärkt den leichten Trancezustand. Dadurch, dass Du den ganzen Text ohne Punkt und Komma, so schnell wie möglich sprichst, wird es dem Gehirn Deines Probanden extrem schwerfallen, urplötzlich selbständig aus der Spur auszubrechen, die Du ihm bahnst. Sei Dir gewiss, Hypnose sieht spektakulärer aus, als sie wirklich ist, und ist ganz bestimmt keine Hexerei. Du bekommst das schon hin. Im Zweifel schaue Dir ein paar youtube-Videos dazu an.

Flackern nun die Augenlider der Person, ist diese definitiv in einem entspannten Zustand der Trance. Sie hat getan, was Du ihr angeboten hast, hat sich intensiv vorgestellt, was Du ihr gesagt hast, und es abschließend selbst geglaubt. Flackern die Augen nicht, ist das auch okay. Mach Dir keinen Stress. Dein Proband wird nun auch weiterhin tun, was Du ihm anbietest.

Hypnotische Effekte

Effekte, die man in diesem Zustand besonders gut zeigen kann, gibt es eine ganze Menge. Fast schon Klassiker in der Showhypnose sind zum Beispiel folgende:

- Armkatalepsie (Arm hebt sich in die Luft und friert dort ein)
- Arm klebt auf dem Kopf
- Hand klebt an der Wand
- Arme schweben nach oben

Im Grunde laufen all diese Suggestionen gleichermaßen ab. Jetzt, da unser Proband gerne tut, was wir sagen, und so suggestibel ist, wie wir es uns wünschen, lassen wir einfach seinen Arm ausgestreckt „einfrieren". Für diesen Effekt gibst Du ihm eine Anweisung nach der anderen. Wieder wird ohne Punkt und Komma gesprochen. Beispielsweise kannst Du folgende Sätze nutzen: „Ich berühre jetzt gleich Deinen Arm (Wichtig! Kündige es vorher an. Dein Mitspieler sollte nicht erschrecken!) und strecke ihn nach vorn im 90 Grad-Winkel aus. Jetzt, da Dein Arm ausgestreckt von Deinem Körper wegzeigt, stellst Du Dir vor, wie dieser nun starr wie Stahl wird. Er wird nicht nur so starr wie Stahl, er ist ab jetzt aus Stahl. Er wird kalt und steif. Je steifer er wird, desto wohler fühlst Du dich, denn es ist eine ganz tolle Erfahrung, solch einen Arm zu besitzen, weil Du weißt, dass dies nur vorübergehend der Fall sein wird. Der Arm wird immer steifer. Immer steifer mit jedem Wort, das ich Dir sage. Jetzt ist er so steif, dass ich ihn nicht mehr herunterdrücken kann. Je mehr ich es versuche, desto weniger gibt er nach, denn er besteht nun aus sehr hartem Stahl."

Für die „Arm-auf-Kopf-Katalepsie" kannst Du Dir eine ähnliche Geschichte ausdenken. Ich erzähle immer von einem Kleber, der auf die Hand aufgetragen wurde, und sich nun, da die Hand auf dem Kopf liegt, mit diesem eine Verbindung eingeht. Denkbar wäre auch wieder der starke Magnet oder ähnliches. Wichtig ist nur, die Story sollte man sich vorstellen können. Formuliere Deine Suggestionen immer im Superlativ, spreche sie glaubhaft aus.

Für die „Arme schweben nach oben"-Suggestion verwende ich imaginäre Luftballons. Diese sind mit Helium gefüllt und an die Arme gebunden. *„Die Arme werden immer leichter und leichter, denn die Ballons ziehen so stark an deinen Armen, sodass diese immer leichter und leichter werden, mit jedem Wort, das ich sage."*

Du siehst, Hypnose ist im Grunde recht einfach. Natürlich haben die schinkendicken Bücher über Hypnotherapie alle ihre Berechtigung, aber vergiss bitte nicht, hier geht es darum, ein paar wenige Effekte zu erklären, und nicht darum, medizinische Hypnose, Rückführungen und ähnliches zu behandeln. Für derartige Sitzungen bedarf es viel mehr an Wissen. Mit viel weniger begnügt sich die Showhypnose. Deshalb sieht

man sie auch so oft. Showhypnose ist eben sehr einfach. Mit genügend Erfahrung kann sich jeder seine eigenen Effekte ausdenken und einstudieren. Es ist ein sehr spannendes Thema. Du wirst es merken, wenn Du meine Tipps wirklich beherzigst und auf die Straße gehst, um Dich als Showhypnotiseur zu versuchen.

Auflösung der Hypnose

Sicherlich erwacht jeder Mensch nach kurzer Zeit wieder selbst aus dem Trancezustand. Spätestens wenn er bemerkt, dass der Hypnotiseur seinen Koffer gepackt hat und gegangen ist. Trotzdem sollte der Form und der Verantwortung halber die Person fachgerecht aus diesem Zustand wieder zurückgeholt werden. Mach das aber nicht zu abrupt. Zehn bis zwanzig Sekunden sollte man sich für eine solch leichte Hypnose schon Zeit nehmen. Üblicherweise sage ich dabei Folgendes:

„Ich zähle nun gleich bis drei. Eins – du spürst nun wieder fest den Boden unter Deinen Füßen und wirst langsam wieder wach. Zwei – Du weißt wieder, wo Du bist (nun füge ich als Showeinlage noch hinzu: „Du weißt nun auch wieder WER Du bist"). Bei „drei" öffnest du deine Augen, dein Kreislauf hat sich wieder normalisiert und du wirst dich fühlen, als hättest du eine ganze Nacht durchgeschlafen ... Drei – öffne Deine Augen. Herzlich willkommen. Wie fühlst Du dich?"

Weitere Hypnoseeinleitungen

Der Ottonormalzuschauer im Zirkus, TV oder auf der Straße hat stets die Vorstellung, dass eine Person unter Hypnose komplett ausgeknipst wird und somit nicht mehr Herr seines eigenen Verstandes sei. Wie Du sicherlich verstanden hast, ist dies keineswegs der Fall. Mit derartigem Mist machen die TV-Anstalten viel Geld durch Einschaltquoten und Werbeeinnahmen. Sicherlich ist es möglich, sich den Geldbeutel einer Wildfremden Person auf der Straße anzueignen oder andere Späße zu treiben. Dies geschieht unter einer anderen Art Blitzhypnose, welche ich hier kurz erläutern möchte. Trotzdem geschieht dies nur in einer Phase der kurzen Verwirrung. Es handelt sich hier um einen „schmutzigen Trick", ein Effekt, der wirklich ziemlich stark ist. Allerdings stehen die Chancen 50:50, dass man damit Erfolg hat. Hat man es allerdings geschafft, kann man beinahe eine neue Religion gründen, da es so unfassbar erscheint.

Bei einer derartigen Hypnoseeinleitung wird beispielsweise eine fremde Person auf der Straße angesprochen, man reicht ihr die Hand (was schon etwas ungewöhnlich ist) und fragt nun sehr eindringlich und fordernd, welche Farbe deren Haustüre hat. Noch bevor die verblüffte Person antworten kann, spricht man nun wie ein Wasserfall (was nur mit viel Übung möglich ist), dass die eigene Türe aus Schokolade sei, oder ähnlich Skurriles. Anschließend spricht man vehement ohne Punkt und Komma weiter, stellt Fragen und reißt nun, wenn man die totale Verwirrung im Gesicht des Gegenübers erkennt, an dessen Hand und gibt ihr den Befehl, die Augen zu schließen, und streicht dabei wieder mit der Hand von oben nach unten deren Augenlider zu. Der Befehl „schlaf" oder „schließ deine Augen" wird laut ausgesprochen. Nun wird das sehr schnelle Sprachtempo beibehalten und eine Anweisung nach der nächsten „ausgeworfen". Zwischendrin baue ich immer wieder den Satz ein „Du tust es, denn es ist okay für Dich. Du weißt, dass es Dir gut tut und richtig ist, denn Du vertraust mir!"

Frag mich bitte nicht, wie lange ich üben musste, um eine 50/50-Erfolgschance zu erreichen. Sicherlich wirst Du Dir nun denken, das solle mal einer bei Dir versuchen ...! Das ist aber auch ein Teil der Kunst. Abwehrbewegungen darf man noch nicht mal ansatzweise passieren lassen. Du musst alles dafür tun, dass Dein Proband Dir von vornherein vertraut. Dies schaffst Du unter anderem durch Kleidung und Auftreten. Komme ich gleich noch dazu.

Vielfach wird auch das Umfallen einer Person gezeigt, welche vor dem Hypnotiseur steht. Ich halte dies für eine gewagte Sache für ei-

nen Anfänger und werde hier nicht näher darauf eingehen. Allerdings wird auch hier wieder oft mit schmutzigen Tricks gearbeitet, nur um die Macht eines Hypnotiseurs zu demonstrieren. Während der Proband mit nah beieinander stehenden Füßen seitlich zum Hypnotiseur steht, schiebt dieser seinen linken Fuß hinter die beiden Füße des zu Hypnotisierenden. Die rechte Hand streckt der Hypnotiseur aus und hält sie mit einem gewissen Abstand vor die Augen seiner Versuchsperson. Die linke Hand legt er flach auf dessen Rücken. Nun suggeriert er der Person ein, sich auf die Hand vor den Augen zu konzentrieren und darauf, dass eine magnetische Kraft von hinten an dessen Körper zieht. Während er nun seine Hand langsam immer näher auf dessen Augen zubewegt, lässt der Druck seiner linken Hand an dessen Rücken langsam immer mehr nach. Das Gehirn der Person erfährt dadurch eine Illusion und der Körper gerät ins Wanken, wird anschließend langsam nach hinten wegkippen, da der einzige Anhaltspunkt die Hand vor den Augen sein wird. Referenzpunkte werden somit ausgeschaltet, da das Sichtfeld extrem eingeschränkt wird. Gleichen Effekt hätte ein Blatt Papier. Zudem wurde die Person vorher angewiesen die Füße nah zusammen zu stellen. Dies garantiert einen unsicheren Halt, welcher unterstützend das Umfallen bewirken wird.

Der Stolperfuß kommt nun zum Einsatz. Wenn der Proband merkt, dass er nach hinten kippt, hat er keine Möglichkeit mehr, sich mit seinen Beinen aufzufangen. Just in diesem Moment fängt ihn der Hypnotiseur auf und streicht über dessen Augen und befiehlt ihm zu schlafen. Das Publikum sieht nun, dass etwas passiert ist, und wird begeistert sein, wie schnell ihn der große Zambano „ausgeknipst" hat.

Auftreten des Hypnotiseurs

Ich versichere Dir, Du wirst Dich zum Affen machen, wenn Du versuchst ein Familienmitglied oder irgendjemand anderen aus dem Bekanntenkreis zu hypnotisieren. Das hat einen einfachen Grund. Hypnose findet im Kopf statt. Die Person muss inständig daran glauben, einen waschechten Hypnotiseur vor sich zu haben. Zweifelt die Person nur ansatzweise daran, hast du schon verloren. Verinnerliche Dir Auftreten, Gesten und Phrasen einiger Showhypnotiseure. Sieh Dir ruhig einige YouTube-Videos dazu an. Unterstützend trägst Du einen perfekt sitzenden Anzug, sauber zurechtgemachte Haare ... kurzum wie immer aus dem Ei gepellt. Personen, die Dich kennen, werden zweifeln. Mit Zweiflern funktioniert es nicht.

Unterstützenderweise kannst Du auch einen Bekannten mitnehmen, welcher ebenfalls seriös auftritt und die Leute darauf aufmerksam macht, dass Du einer der besten Hypnotiseure bist und bereits in mehreren TV-Shows aufgetreten bist. Ruhig darf man dann auch fragen, ob man Dich vielleicht schon einmal im Fernsehen gesehen hat. Das alles unterstützt die Glaubwürdigkeit. Das alles ist Suggestion. Nicht umsonst setzen Mentalisten und Showhypnotiseure mysteriöse Musik ein, erschaffen eine düstere Atmosphäre. Trage ruhig eine violettfarbene Krawatte oder Einstecktuch. Violett wirkt sich sehr positiv aus, wenn man einen Trancezustand herbeiführen will, und gilt in entsprechenden Kreisen als Geheimtipp. Glaubt man Dir, ist das bereits die halbe Miete und die Show kann beginnen.

Einer meiner Bekannten hatte mit acht Jahren einen Schulkameraden bei sich zu Besuch. Er erzählte ihm, er habe ein Hypnosebuch gelesen und könne nun hypnotisieren. Bei der anschließenden Tranceeinleitung fiel der Kumpel sofort um, als mein Freund es ihm befahl, und befand sich in einem tiefen Trancezustand. Warum? Ganz einfach: weil er ihm glaubte. Kinder sind leichtgläubiger und in diesem Fall hatte mein Freund außerdem ein besonders suggestibles Exemplar vor sich. Wie Du siehst, ist Suggestion wieder einmal alles im Leben. Deshalb behaupte ich auch, dass wir in einer Welt der Illusionen leben. Alles um

uns herum ist eine geschickte Täuschung, wenngleich auch nicht immer bewusst erzeugt. Mit genügend suggestibler Leistung kann man Berge versetzen, und geübte Hypnotiseure können sogar fremde Menschen auf mehrere Meter Entfernung durch einen Fingerzeig zum Umfallen bringen. Einer dieser Hypnotiseure ist mein Kollege Deniz Springer aus Österreich, der sich diese Kunst autodidaktisch seit seinem zehnten Lebensjahr selbst beigebracht hat.

GRUNDLAGEN

Gedankenlesen

Eine atemberaubende Routine

Ich möchte Dir hier noch einen sehr starken und vor allem sehr alten Effekt aus der Mentalkunst zeigen. Mit dieser Routine wurden bereits im Mittelalter Könige „gefoolt" und noch bis heute kannst Du sie zum Beispiel in Castingshows entdecken. Dieser Trick kommt einfach immer gut an und bis heute ist die Auflösung noch nie an die Öffentlichkeit gedrungen. Bis heute. Das ändern wir jetzt. Auch wenn einige diese Routine für einen simplen Trick halten mögen, richtig vorgeführt ist sie atemberaubend. Übe sie also gut und unterschätze niemals die Wirkung eines solchen Effekts. Perfekt präsentiert ist dies ein Effekt, den man niemals in seinem Leben vergessen wird.

Meine Mutter erzählte mir bereits als Kind von dieser Routine. Sie erinnerte sich an einen Mentalisten, der einmal in ihrer Stammdisko aufgetaucht sei. Er bat sie ihre Hand mit dem Handrücken nach oben auszustrecken und hielt seine Handfläche mit einem Abstand von etwa zehn Zentimetern über ihrem Handrücken. Nach kurzer Zeit musste sie ihre Hand wegziehen. Unbeschreiblich heiß sei es geworden, ohne dass ihr Gegenüber auch nur eine Bewegung gemacht hätte. Am selben Abend bildete sich noch eine Brandblase. Der Typ ward nie wieder gesehen und bis heute lässt ihr dieser Effekt keine Ruhe mehr.

Ich war vor einigen Wochen in einem Restaurant essen. Seit über sechs Jahren war ich dort nicht mehr gewesen. Der Restaurantchef kam auf mich zugelaufen und bombardierte mich sofort mit Fragen: Wie ich das denn damals angestellt hätte, den Namen seiner verstorbenen Tochter aus seinen Gedanken zu lesen? Ich war perplex. Tatsächlich erinnerte ich mich nicht mehr. Zu viele Menschen hatte ich bisher einen magischen Moment beschert. An ihn konnte ich mich leider nicht mehr erinnern. Vorerst. Zuhause fiel es mir wieder ein.

Und genau das vermag diese Routine, die ich Dir jetzt vorstellen möchte, auch. Du kannst Menschen mit diesem Effekt glücklich machen. Du kannst ihnen einen magischen Moment schenken, den sie sich nirgendwo kaufen können. Die Reaktionen, die Du auf diese Routine bekommen wirst, sind unbezahlbar. Daher möchte ich Dich auch bitten, verrate niemandem, wie sie funktioniert. Außerdem eignet sich diese Routine auch perfekt dazu, ohne großes Aufsehen an die Telefonnummer Deiner Herzdame zu kommen. Du wirst es gleich sehen. Leichter hast Du noch nie eine Nummer ergattert.

Die Pateo-Force

Nun aber zuerst einmal zum Effekt. Er nennt sich „Pateo Force". Force bedeutet forcieren. Es wurde also gezielt etwas vorbereitet. Und zwar von Dir! Nun, was solltest Du tun? Du tust Folgendes:

Du bewegst Dich auf einen Tisch mit mehreren Personen zu. Meinetwegen gefällt Dir eine Frau aus der Gruppe, welche Du separieren oder von der Du auf jeden Fall ihre Nummer haben möchtest. Du stellst Dich also wie gewohnt vor und kündigst auch wieder an, dass Du gleich nach dem Trick wieder verschwinden wirst. Frage einfach mal nach, ob jemand weiß, was ein Mentalist ist oder ob sie Dich eventuell aus einer großen deutschen Casting-Show kennen. Das unterstützt dein Vorhaben und es wird für die Zuschauer am Tisch nun erst richtig spannend. Du sagst, Du würdest ihnen gerne etwas zeigen, was sie ihr Leben lang nie

wieder vergessen werden. Danach wirst Du auch sofort wieder gehen. Wie versprochen. Kennst Du ja schon.

Sie werden zustimmen, vertrau mir. Nun verteilst Du an jeden eine Blanko-Karteikarte in Visitenkartengröße. Diese gibt es in jeder Schreibwarenabteilung zu kaufen.

Du bittest nun jeden seine Handynummer aufzuschreiben, während Du einige Meter zurücktrittst, Dich abwendest und Dir auch noch die Augen zuhältst. Danach soll jeder seine Karte umgedreht auf den Tisch legen, also mit der Nummer nach unten. Irgendwer soll nun kräftig alle Karten durchmischen. Du sollst keine Chance haben, weder die Nummern zu sehen noch die Karten irgendwem zuordnen zu können. Nun trittst Du wieder an den Tisch.

Das Auswahlverfahren beginnt. Du legst Deine beiden Zeigefinger auf jeweils eine Karte. Einer der Gäste darf nun eine der berührten Karten zur Zerstörung auswählen. Hat er dies getan, darf einer aus der Gruppe auch beide Zeigefinger auf jeweils eine Karte legen. Jetzt entscheidest Du, welche Karte in den Mülleimer kommt. Das geht so lange weiter, bis nur noch eine Karte übrigbleibt.

Nun kommen deine Mentalkräfte zum Einsatz. Du behauptest, ohne die Nummer zu sehen, herausfinden zu können, wem sie gehört. Noch einmal drehst Du Dich um, während alle die übriggebliebene Handynummer kontrollieren sollen. Danach wird die Karte wieder umgedreht. Du drehst Dich nun wieder den Leuten zu und fragst sie abwechselnd, ob es ihre Nummer ist. Dabei darf oder kann jeder lügen, wie er lustig ist. Zum Schluss bleiben noch zwei Personen übrig. Deine Traumfrau und meinetwegen ein Mann. Du fragst nun den Mann, ob es seine Nummer sei. Er darf nach wie vor lügen oder die Wahrheit sagen. Du siehst ihn scharf an, während er antwortet. Anschließend wendest Du Dich der Frau zu und hältst nun ihren Kopf mit beiden Händen, siehst ihr tief in die Augen und fragst erneut. Schaue ihr wirklich tief und lange in die Augen! Dann verkündest Du, mit einer ruckartigen Drehung der Karte und einer extrem sicheren Aussage, dass es ihre Nummer ist. Gerne kannst Du auch Deine Aussage begründen, weil sie zum Beispiel gerade geblinzelt habe oder kurz nach links oder rechts oben gesehen

habe, oder was auch immer. Hier kannst Du nun Dein Know-how aus den Kapiteln weiter oben zum Besten geben und erklären, woran Du erkennst, wenn eine Person lügt.

Hole anschließend Dein Handy aus der Tasche und rufe die Nummer auf der Karte an. Ihr Handy wird klingeln. Der Applaus gehört Dir.

Auflösung

Nun, wie funktioniert diese Routine? Halte Dich fest, einfacher könnte es nicht sein. Wenn Du anfangs die Blankokarten austeilst, hast Du eine davon, und zwar die oberste, markiert. Mache das so, dass es niemandem außer Dir selbst auffällt. Du biegst einfach eine der Ecken um und biegst sie wieder gerade. Diesen Falz wird niemand erkennen. Leg die markierte Karte oben auf den Stapel, bevor Du den Trick vorführst. Verteile die Karten scheinbar wahllos in der Gruppe. Niemand wird darauf achten, wer welche Karte bekommt. Nur Du weißt, wem Du die markierte Karte gegeben hast.

Nachdem die Nummern aufgeschrieben und die Karten auf dem Tisch liegen, weißt Du also, wessen Nummer auf „Deiner Spezialkarte" notiert wurde. Nun kommt die „Pateo-Force" zum Einsatz. Ein scheinbar faires Auswahlverfahren beginnt. Du legst Deine Zeigefinger auf jeweils eine Karte. Dein Gegenüber sucht sich aus, welche eliminiert wird. Da Du keinen Deiner Finger auf die markierte Karte legst, ist es also egal, welche davon vom Zuschauer eliminiert wird. Bei der nächsten Runde darf er beide Zeigefinger auf jeweils eine Karte legen. Sollte er einen seiner Finger auf die markierte Karte legen, entscheidest Du Dich, die andere zu eliminieren. Das Spielchen wird so lange getrieben, bis nur noch die markierte übrigbleibt. Die Pateo-Force wirkt sehr unscheinbar und extrem fair. Bei genauerem Hinsehen kannst Du aber feststellen, dass sie der Gruppe keine wirkliche Chance lässt.

Noch bevor Du Dein Handy zückst, stellst Du nickend und fragend fest, dass bisher alles sehr fair verlaufen sei. Warte auf die Zustimmung der Leute, das verstärkt den Effekt.

Mit der Pateo-Force kannst Du Dir recht leicht eigene, tolle Routinen entwickeln. Beispielsweise ein Spiel mit einem Geldschein in einem von mehreren Umschlägen oder Ähnliches. Jeder Mentalist bastelt sich seine eigenen Routinen. In Verbindung mit einem Wirrwarr psychologischer Erklärungen während des Effekts, wird eine derartige Präsentation zu einem unvergesslichen Ereignis. Das verspreche ich Dir. Je öfter Du ihn vorführst, desto mehr wirst Du herausfinden, welche Nuancen Du verbessern kannst, um ihn noch wirkungsvoller zu gestalten.

Mit dieser Routine habe ich Dir eine weitere Chance verschafft, die Frau Deiner Träume alleine kennenzulernen. Nachdem Du Dich nun händeschüttelnd wieder verzogen hast, warte einfach in Ruhe ab, ob Dein Target zu Dir kommt. Sie wird sich mit Dir über den Effekt unterhalten wollen. Bestimmt! Wenn nicht, meldest halt Du Dich am nächsten Tag bei ihr. Sie wird sich garantiert an Dich erinnern.

Die perfekte Masche

Was man von Profis lernen kann

DIE PERFEKTE MASCHE

Was man von Profis lernen kann | **Die perfekte Masche**

Die perfekte Masche der Profi-Aufreißer

Zunächst möchte ich allen Frauen, welche dieses Buch vielleicht eher zufällig lesen, darum bitten, mir keine bösen Mails zu schreiben. Auch wenn ihr euch vielleicht ertappt oder hinters Licht geführt fühlen mögt, wenn ihr die nächsten zwei Kapitel lest, so funktioniert nun mal die Welt. Als kleiner Trost: Diese Maschen funktionieren auch bei Männern. Da ich dieses Buch aber hauptsächlich für uns Männer geschrieben habe, müsst ihr mir also bitte auch nicht böse sein. Ihr könnt ja gerne mit gleichen Waffen zurückschlagen.

Der Approach – verschiedene Situationen

Sogenannte Pick-Up-Artists arbeiten mit denselben Techniken wie wir Mentalisten. Allerdings haben sie sich auf eine Zielgruppe spezialisiert: Frauen! Mit diesen Techniken ist es ohne Weiteres möglich, beinahe jede Frau ins Bett zu bekommen. In diesem Kapitel werde ich Dir zeigen, wie Du diese Techniken gezielt einsetzen kannst und wie Du am besten vorgehst. Wie bereits anfangs beschrieben, ist es wichtig, sich das richtige „Jagdoutfit" zuzulegen. Ich kann nicht oft genug betonen, wie wichtig Kleidung und Düfte für diesen ersten Eindruck sind. Sollte

Dir das nötige Kleingeld für einen normalen H+M-Anzug fehlen, lohnt es sich, etwas zu sparen, glaube mir. Besorge Dir ferner einen passablen Duft aus einer Parfümerie. Bitte keinesfalls aus Kostengründen nach einem Duft aus dem Discounter greifen. Damit bekommst Du allerhöchstens den „übriggebliebenen Rest des Abends" nach Hause abgeschleppt. Ich baue auf unbekannte Düfte, welche erschwinglich und meist Geheimtipps sind. Diese gibt es bereits ab 40 Euro. „Chrome" von Azzarro ist zum Beispiel solch ein Basisduft in meinem Badezimmer. Wir wollen uns ja etwas aus der Masse abheben und nichts tragen, wonach jeder Zweite in der Supermarktschlange riecht.

Lass uns also nun gemeinsam auf die Jagd nach Targets gehen. Ich persönlich bevorzuge den helllichten Tag. Am besten sogar beim Einkaufen oder in der Fußgängerzone. Meiner Meinung nach klappt es hier häufiger, ein Date zu bekommen. Frauen haben abends in den Diskotheken und an den Bars viel zu viel Auswahl und zudem rechnen sie damit, angesprochen zu werden. Ich baue daher darauf, Frauen ungeahnt und plötzlich aus ihrem tristen Alltag zu reißen. Das klappt am besten, wenn sie nicht damit rechnen. Bei völlig normalen Tätigkeiten wie beim Shoppen zum Beispiel. Es ist auch völlig okay, wenn Du folgende Techniken am Arbeitsplatz Deines Targets nutzt.

Fiktive Situation 1: Wir befinden uns zunächst in der Fußgängerzone und beobachten eine Frau, welche uns ins Auge gefallen ist. Es gibt zwar die Drei-Sekunden-Regel, die besagt, dass man die Dame sofort ansprechen soll, weil alles, was innerhalb dieses Zeitraums nicht in Angriff genommen wird, sowieso schiefgeht oder eben gar nie angepackt wird. Ich sehe das aber anders. Ich finde, dass es wichtig ist, sich durch sorgfältiges Cold Reading besser auf den Approach, also das Ansprechen vorzubereiten, um nicht eiskalt erwischt zu werden.

Schlendere ruhig mit etwas Abstand hinter Deinem Target her und warte auf den richtigen Zeitpunkt, an dem Du Dich unbemerkt nähern kannst. Immerhin willst Du ja als Erstes mal ihre Hände sehen. Trägt sie Fingerschmuck? Falls ja, ist sie verheiratet oder verlobt? Ist sie verheiratet, schätzen wir ihr Alter. Eine Frau in den Zwanzigern ist oft noch nicht lange verheiratet und daher meist noch glücklich verliebt. Allerdings ist es ziemlich wahrscheinlich, dass sie so früh geheiratet hat, weil sie ein Kind erwartet hat. In diesem Fall fühlen sich viele Frauen von ihren Männern im Stich gelassen. Die meisten Ehemänner müssen ja jetzt mehr arbeiten als zuvor, um das Verdienstdefizit des Mutterschutzes auszubügeln. Die Folgen sind oft Streit, Machtspielchen sowie weniger Zuspruch und Komplimente. Solche Zusammenhänge wiederholen sich ständig in genau dieser Konstellation.

Es gibt ganze Tabellen in Mentalistenbüchern über Cold Readings. Diese sind sogar in Länder unterteilt. In Afrika zeigen sich beispielsweise ganz andere Merkmale als in Europa. Wir konzentrieren uns jetzt mal auf Deutschland und gehen von unserer „vernachlässigten Frau" aus. In diesem Fall startest Du also mit einer großen Portion Komplimente. Du wartest eventuell sogar, ob die Dame ein Bekleidungsgeschäft betritt, und überraschst sie mit einem Kleidungsstück, das Du Dir im Geschäft heraussuchst und zu ihr passen könnte. Damit zeigst Du ihr, dass Du Interesse hast und gleichzeitig spiegelst Du ihre Lust am Shoppen. Du gehst also mit dem Kleidungsstück auf sie zu und raunst ihr leise zu: „Hi, ich bin gleich wieder weg (das öffnet sie für ein Gespräch, denn auf einen langen Talk hat sie im Moment NOCH keine Lust), aber ich habe gerade dieses Oberteil gesehen und finde, dass Du sicherlich atemberaubend darin aussehen wirst!"

Jetzt setzt Du ein verschmitztes Grinsen auf und wartest auf ihre Reaktion. Sie wird mit dieser Ansprache absolut überfordert und zunächst sehr verunsichert sein. Siehst Du? Das ist der Vorteil gegenüber Approaches in Diskotheken! Wenn jede Frau damit rechnet, ständig angesprochen zu werden, fällst Du nur mit Mühe und Not auf. Deshalb werden abends ja auch Körbe verteilt wie Bonbons an Karneval.

Zudem hast Du mit so einer Ansage auch gleich ein hypnotisches Sprachmuster genutzt. Du hast ihr das Wort „atemberaubend" einsuggeriert. Dieses Wort in Verbindung mit Deiner absolut überraschenden Taktik wird ihr tatsächlich den Atem rauben. Nun ist es aber wichtig dranzubleiben. Reagiert sie positiv, könntest Du sie dazu bringen, es einmal anzuziehen. Ich verspreche Dir, sie wird begeistert von Dir sein. An ein derartiges Verhalten erinnert sie sich nach einigen Jahren Ehe nicht mehr. Dehne die Situation nun ruhig zu einem Shoppingvormittag aus und gehe anschließend mit ihr auf einen Plausch etwas trinken.

Du gehst sogar einen Schritt weiter und baust Körperkontakt auf, um Vertrauen zu suggerieren. Wie könnte das besser klappen als in solch einer Situation? Ziehe ruhig einmal die Ärmel des gerade angezogenen Blazers gerade, um ihr dann zu sagen, wie fantastisch dieser sitzt. Nutze ruhig auch Gesprächspausen. Diese sind auch in Verhandlungen ein immer gern benutztes Instrument, um den Gegenüber unbewusst zu zwingen, sich auch mal zu äußern. Sonst verfällt man ja selbst noch in einen Monolog.

Fassen wir also mal zusammen:

- Frau in den Zwanzigern, verheiratet: beste Chancen durch Komplimente.

Fiktive Situation 2: Wir befinden uns an einem schönen, lauschig sonnigen Sommertag in einem Café. Du sitzt hier nicht zufällig. Nein, Du hast Dir extra diesen Platz gesucht. Hier hast Du eine Frau gesichtet, die ganz nach Deinem Geschmack ist. Allerdings sitzt sie mit ihren Freundinnen zusammen an einem Tisch und Du möchtest sie gerne alleine an Deinem Tisch sitzen haben. Wie stellest Du das an? Nun, diese Technik nennt sich Separieren. Zunächst baust Du Blickkontakt auf, um auszuloten, ob überhaupt Interesse besteht. Besteht keines, wirst Du dafür sorgen, dass es sich entwickelt. Erwidert sie den Blickkontakt, kannst Du Dich auf den bevorstehenden Approach besser vorbereiten. Jetzt weißt Du, dass sie zugänglich für Dich ist. Setze Dich also möglichst in die Nähe ihrer Blickrichtung. Bestelle auch bitte kein Bier oder ähnliches Fußballergesöff. Darauf steht keine Frau und Du hast Dich schneller ins Abseits gespielt als Dir lieb ist. Zeige Stil. Du sitzt in Deinem lässig aufgeknöpften Hemd und Sakko in einem Café und bestellst einen Espresso oder ein Glas Wasser.

Wenn Du Dein Target nun gleich ansprichst, hilft es nichts, wenn Du Dich als „den Neuen in der Stadt" vorstellst, der einen Stadtführer sucht. Das ist Quatsch! Du würdest nur ein mitleidiges Lächeln erhalten. Es ist wichtig, dass Du die Frau aus ihrem Alltag förmlich REISST! Verinnerliche Dir diese Ansprechtaktik. Alles andere hat wenig Aussicht auf Erfolg. Wenn Du also nicht der Megastar bist, welcher sofort von Reportern umkreist wird, machst Du Dich selbst zu solch einem und

zeigst ihr ähnlich Unfassbares. Ich baue in diesem Fall auf einen guten Zaubertrick, den Du am besten in einem Zauberfachhandel im Internet erwirbst. Gib ruhig Geld für ein anständiges Gimmick aus. Übe den Trick zu Hause so lange, bis Du genügend Sicherheit hast. Am besten Du übst ihn bei Passanten in einer anderen Stadt, wo Dich keiner kennt. Je besser Du ihn drauf hast, desto höher der Überraschungseffekt bei Deiner Traumfrau. Wir sprechen allerdings nicht von einem billigen „Tuch-Verschwindetrick", sondern von einem hochwertigen Effekt. Es wäre kein Mentalistenbuch, wenn ich Dir hier keinen guten Trick verraten würde. Dieser ist als „dual reality" bekannt. Dazu gleich mehr.

Zielgerichtet, mit aufrechter Körperhaltung steuerst Du auf den Tisch mit den Damen zu und stellst Dich kurz mit Deinem Namen vor. Wieder versicherst Du, dass Du sofort wieder weg bist. Währenddessen streckst Du jeder Dame die Hand zur Begrüßung entgegen. Sie werden so perplex sein, dass sie Deinen Gruß sofort erwidern werden. Somit hast Du bereits den ersten Körperkontakt zu Deinem Target aufgebaut. Wenn Du ihr die Hand gibst, achte peinlichst genau auf einen satten, allerdings nicht zu festen Händedruck und drehe dabei ihren Handrücken nach oben. Du steigerst das Ganze, indem Du dabei mit der linken Hand ihren Ellenbogen kurz umgreifst. Dabei schaue ihr direkt in das bereits erwähnte linke Auge.

Nun erzählst Du, dass Du ihnen etwas Atemberaubendes zeigen wirst, was sie bis an ihr Lebensende nicht vergessen werden. Nutze ruhig den Superlativ! Umso besser wird auch der Trick ankommen. Es ist, Du hast es schon erkannt, natürlich wieder eine Suggestion. Du merkst, wie wichtig diese sind. Suche bei Deiner Vorführung immer den Körperkontakt zu Deinem Target. Bei Gedankenleseexperimenten kannst Du beispielsweise deren Kopf in Deinen Händen wiegen, um die Gedanken besser aus ihren Augen abzulesen. Frauen mögen Zaubertricks, denn in ihrem Herzen sind sie immer noch die kleine Prinzessin aus der Kindheit, die gerne verzaubert wird. Ebenso sind sie zugänglicher für Magie, da sie anders als Männer, welche stets der Ursache auf den Grund gehen wollen, die Illusion auf sich wirken lassen und mit ihren Gefühlen absolut dabei sind.

Nehmen wir an, Du hast einen Geldstück-Biegetrick gekauft. Du kannst ihr also in Deiner Performance suggerieren, dass sie sich vorstellen soll, das Geldstück in ihrer Hand wäre mit ihrem Herzen verbunden, und weiterhin solle sie all ihre Liebe, welche sie mit sich trägt, nun über ihren Arm in die Münze fließen lassen. Dabei streichst Du ihr mit dem Handrücken mehrmals wenn möglich über den freigelegten Unterarm (Körperkontakt so oft wie möglich suchen). Wenn Du sie nun aufforderst, die Hand zu öffnen, wird das vorher noch gerade Geldstück verbogen sein. Du kannst Dir vielleicht vorstellen, wie tief Du ihr ins Herz damit getroffen hast?

Du verabschiedest Dich höflich und bedankst Dich fürs Mitmachen und gehst zurück an Deinen Platz. Es wird nicht lange dauern und unser Target wird an Deinen Tisch kommen, um zu erfahren, wie das funktionierte. Somit hast Du sie von ihren Freundinnen weggelockt und separiert. Clever, nicht wahr? Nun erzählst Du ihr vorher ausgedachte Geschichten über Intension, Gefühle, Materie und Geist und so weiter. Frauen sind meist sehr spirituell veranlagt und werden Dir jedes Wort glauben und davon überzeugt sein, dass Du etwas ganz Besonderes bist. Sollte sie wider Erwarten nicht an Deinen Tisch kommen, wartest Du, bis die Damengruppe bezahlt hat, und gehst just in diesem Moment zu deren Tisch und fragst Dein Target nach ihrer Nummer. Durch den kurzzeitigen Stress während des Bezahlvorgangs wird sie wenig Zeit haben zu überlegen und Dir die Nummer sicher aushändigen. Dabei setzt Du eventuell auf eine Ja-Straße in Verbindung mit Kopfnicken während der Frage. Um die Chance noch weiter zu erhöhen, verbinde zwei Aufforderungen mit einem „und", um ihr ihre gesunde Entscheidungsgewalt für einen Moment auszuschalten.

Dual reality – Gedankenleseeffekt

Der Effekt sieht für den Zuschauer folgendermaßen aus: Du stehst neben dem Tisch Deiner Zielperson und kündigst etwas an, was Dein Target bisher noch nie gesehen hat. Du sagst, dass Du als Mentalist arbeitest und nun den Gedanken einer wildfremden Person lesen wirst. Die Person darf die Dame selbst bestimmen. Nehmen wir an, sie wählt eine Person vom Nebentisch aus. Du gehst zum Nebentisch und stellst Dich als Mentalist vor und gibst der Person einen Zettel oder leere Karteikarte in die Hand und einen Kugelschreiber. Du bittest nun an eine Stadt oder einen Fluss zu denken und das gedachte Wort aufzuschreiben. Dabei drehst Du Dich weg. Noch bevor Du Dich umdrehst, soll die Person den Zettel zusammenfalten und in der Tasche verschwinden lassen. Du drehst Dich nun um und bittest Dein Gegenüber sich auf das Wort zu konzentrieren und in Gedanken die Buchstaben zu zählen. Anschließend soll sich der Proband ausschließlich auf das Wort konzentrieren und sich vorstellen, wie seine Gedanken aus seinem Kopf in Deinen Kopf schweben. Du betonst, dass es eine reine Sache der Vorstellung sei. Kurz darauf nennst Du das korrekte Wort.

Wie geht so etwas? Nun, die Auflösung ist einfach: Du verwendest eine Technik, die sich „dual reality" nennt. Der Zuschauer wird etwas anderes wahrnehmen als Dein Mitspieler. Auf dem Zettel, den Du ihm aushändigst, steht Folgendes: „Denken Sie an Mississippi oder die Stadt Bonn." Darunter ist eine leere Linie mit einem X daneben zu sehen. Der Zuschauer ist nun der Meinung, der Zettel sei nicht beschrieben und wird schon gar nicht auf den Gedanken kommen, dass bereits etwas auf dem Zettel steht, da er ja noch gar nicht weiß, was Du gleich performen wirst. Du bittest nun Deinen Mitspieler an eine Stadt oder einen Fluss zu denken. Dabei zeigst Du mit dem Kugelschreiber jeweils auf das Wort Bonn und den Fluss Mississippi. Du forderst ihn nun auf, das gedachte Wort darunterzuschreiben und deutest auf die Leerzeile mit dem X daneben. Nachdem er den Zettel eingesteckt hat, drehst Du Dich um und bittest ihn die Anzahl der Buchstaben seines gedachten Wortes im Kopf zu zählen. Er soll Dir das Ergebnis jedoch nicht nennen. Beobachte einfach, wie lange er nachdenkt, um auf die korrekte Anzahl Buchstaben zu kommen. Ist er sofort fertig, weißt Du, dass es die Stadt Bonn ist, dauert es etwas länger, weißt Du sicher, dass es sich um das Wort Mississippi handelt. Für Dein Target sieht es allerdings so aus, als hätte er an jede Stadt oder jeden Fluss auf dieser Welt denken können. Da Dein Mitspieler mäßig überrascht, aber immerhin überrascht sein wird, wird dieser nie auf die Idee kommen, den Trick aufzulösen, da er eine andere Realität erfahren hat als Dein Target. Für ihn ist der Effekt vorbei und damit erledigt. Wichtig ist, dass der Mitspieler keiner Deiner Bekannten ist. Der wird sonst sehr wahrscheinlich anschließend mit Deinem Target darüber sprechen und den Effekt zunichtemachen. Es muss schon ein wildfremder Mensch sein, der danach nicht mehr mit Deinem Target ins Gespräch kommen wird. Da der Zettel sich in seiner Tasche befindet, wird ihn ebenfalls keiner mehr zu sehen bekommen, und Du gehst sauber aus dieser Nummer heraus.

Es handelt sich hier um einen netten kleinen Effekt, den man improvisiert und ohne viel Übung gerade in Bars oder auf der Straße vorführen kann. Wichtig ist allerdings, dass Du die Rolle des Mentalisten außerordentlich überzeugend darstellen kannst und dabei nicht aussiehst wie ein Zauberer vom Kindergeburtstag.

Der weitere Verlauf

Im Grunde gibt es nur die zwei oben beschriebenen Situationen. Ob in der Bar, beim Einkaufen, am Arbeitsplatz Deines Targets, die Grundstellung ist immer ähnlich wie oben beschrieben. Du hast die Dame nun von Dir überzeugt und gehst einen Schritt weiter. Nun spiegelst Du und wirfst mit hypnotischen Suggestionen nur so um Dich. Du achtest auf ihre Atmung, ahmst dieselbe Frequenz nach, imitierst ihre Körpersprache und wechselst so oft wie möglich den Platz in derselben Location. Du baust Vertrauen auf bis zum Exzess, gibst alles, was Du bisher gelernt hast, um sie unbewusst in Deinen Bann zu ziehen.

Warum Platzwechsel, fragst Du Dich? Unser Gehirn baut Vertrauen auf, indem wir viele verschiedene Situationen mit ein und derselben Person erleben. Allerdings kann es nicht unterscheiden, in welchem Zeitabstand dies geschieht. Wenn man das weiß, ist es ohne Weiteres möglich, dieses starke Vertrauen innerhalb kürzester Zeit zu simulieren, indem man in kleinstmöglichen Zeitfenstern so oft wie möglich den Standort wechselt. Diese Technik funktioniert sogar in ein und demselben Raum. Das Gehirn kann nicht unterscheiden, ob wir mit einem

Mitmenschen mehrmals im Kino, Eis essen und schwimmen waren oder ob wir in ein und demselben Raum in drei Stunden genauso oft neue Situationen an anderen Standorten erlebt haben. Also wechseln wir nun so oft wie möglich den Standort und bringen sie beispielsweise an jedem davon zum Lachen, erzählen an jedem Ort eine neue spannende Geschichte usw. Lasse Dir immer neue Gründe für einen kleinen Ortswechsel einfallen. Hol mit ihr gemeinsam Getränke, geh mit ihr gemeinsam zum Zigarettenautomat, kurzum, schleife sie einfach überallhin mit. Ihr wird es nicht auffallen, aber die unbewusste Wirkung ist enorm.

Ich kann Dir nur empfehlen während all Deiner Manipulationen ein extrem adrettes Auftreten an den Tag zu legen und charmant zu sein. Ausstrahlung ist das A und O. Ich weiß, nicht jeder besitzt es, aber man kann es lernen. Die beste Methode ist es, bekannte Schauspieler aus Filmen zu imitieren. Hollywood hat Liebesfilme mit Hilfe von NLP-Experten, Psychologen und Fachleuten gedreht, um einen Film zu erschaffen, der die Seelen der Zuschauer berührt, und bewusst Techniken eingebaut, um so viel Gefühl wie nur irgend möglich zu erzeugen. Bestenfalls weint der Zuschauer während des Films. Das macht den Film zum Schlager und füllt die Kassen der Produzenten.

Frauen sind wie bereits erwähnt zugänglich für derartige Filme und wünschen sich, ähnlich verzaubert zu werden. Allerdings gibt es derartige Situationen und Männer im realen Leben nicht. Zumindest bis jetzt! Jetzt wissen wir das und werden daher solche Situationen und Gefühle erzeugen. Ohne zu wissen, dass Du gerade Tom Cruise, Kevin Costner oder Richard Gere imitierst, wird Deine Herzdame dennoch jede Deiner Gesten oder Deine Art, etwas zu äußern, wahrnehmen und unbewusst mit ihrem nie erfüllten Traum in Verbindung bringen. Jetzt hat sie ihren Mann wie diesen aus dem Liebesfilm. Sie wird es lieben und sie wird auf Dich abfahren. Ich habe Frauen erlebt, die sich nach einigen Stunden vergessen haben vor Glück. Derart stark sind unbewusste Suggestionen. Und dabei spielt es keine Rolle, ob sie verheiratet, verlobt oder verliebt sind.

Studiere also bekannte Liebesfilme. Nimm etwas Schauspielunterricht und lerne jede Geste und jede Mimik auswendig. So wirst Du Dich perfekt inszenieren. Ich mache keinen Quatsch. Ich meine das ernst.

Vergiss nicht, dass Körperspracheexperten bei diesen Filmen mitgewirkt haben. So wirst Du auch Etikette lernen und jeder in Deinem Umkreis wird Dich fortan mit anderen Augen sehen.

Ein kleines Beispiel, welche Tricks von Regisseuren angewandt werden, um Filme durch Emotionen erfolgreich zu machen, wäre zum Beispiel „E. T. der Außerirdische" von Steven Spielberg. Ein Wesen aus einer anderen Welt kommt auf die Erde, wird in einem Schuppen entdeckt, ist friedlich, kann andere Menschen heilen und muss fortan vor dem Militär versteckt werden, das ihm Böses möchte. Es wird krank, stirbt und steht wieder von den Toten auf. Am Ende fährt es im weißen Gewand gen Himmel, spreizt seine Finger zu einem Peace-Zeichen und sagt, es wäre immer für den Hauptdarsteller da, wenn er es bräuchte. Na, dahintergestiegen? Es handelt sich um die Jesusgeschichte. Sie wurde derart geschickt verpackt, dass es niemandem von uns aufgefallen ist. Wir haben teilweise zu diesem Film geweint und wussten nicht warum. Dieser Streifen wurde ganz bewusst so gedreht.

Vergiss nie: In jeder Frau steckt sie noch, diese kleine Prinzessin aus der Kindheit. Sie sehnt sich danach, von ihrem Prinzen mit dem Schimmel abgeholt und in sein Königreich verschleppt zu werden. Ob weißer Schimmel oder blauer Mercedes – das spielt dabei wirklich keine Rolle. Das Unbewusste denkt in Symbolen. Auf die Wirkung kommt es an. Der Effekt ist daher derselbe.

Die Telefonnummer

Telefonnummer der Frau erfragen oder die eigene zustecken? Getränke bezahlen beim ersten Date oder nicht? Es handelt sich hierbei um Grundsatzfragen, die leicht zu beantworten sind. Jeder Ratgeber empfiehlt da etwas anderes. Ich habe es jedoch in der Praxis mehrere Hundert Mal getestet und kann definitiv sagen, welche Masche am besten funktioniert. Die Getränkefrage ist klar zu beantworten. Das erste Getränk geht auf den Mann, Essen oder weitere Getränke werden

beim ersten Date von der Frau selbst getragen. Dies hat einen einfachen Grund. Das Target würde sofort merken, mit welcher Vehemenz wir vorhaben, was wir vorhaben. Des Weiteren suggeriert das „ich bezahle alles, egal was es kostet"-Verhalten, dass wir auf Teufel komm raus den Kontakt zu ihr zu benötigen scheinen. Sehr schlechte und ziemlich unattraktive Ausgangslage.

Bei der Telefonnummer sieht es anders aus. Ich habe beide Varianten probiert. Einmal gab ich ihr meine Nummer, damit sie sich bei mir melden könne, wann immer sie wolle. Das kann dann schon mal die Zeit bis zur Trennung von ihrem aktuellen Freund sein. Das ist dann oftmals so lang, dass meist zwischenzeitlich ein anderer Mann ihr Herz erobert, bevor es endlich zum Rückruf kommt. Wir nutzen also gezielt den Moment und fragen natürlich selbst nach ihrer Nummer. Wir geben ihr keine Zeit, lange darüber nachzudenken. Mal ganz ehrlich, nach solch einem Auftritt wird sie zumindest den Fuß in der Tür behalten wollen, um Zeit zu schinden und zu überlegen, ob sie sich auf ein solches Abenteuer einlassen will. Sei Dir sicher. Sie wird Dir die korrekte Nummer geben.

Du darfst jetzt nur nicht nervig werden. Du taxierst ab, ob sie auf Deine erste Nachricht zurückschreibt, nach welchem Zeitfenster dies geschieht und in welcher Form. Ich habe mir beispielsweise extra eine Katze zugelegt, um es Frauen angenehmer in meinem kleinen Schloss zu machen. Frauen mögen Tiere und Katzen sind Kuscheltiere, unkompliziert und selbständig, müssen nicht Gassi geführt werden, erhellen die Singlewohnung mit Charme und Gefühl. Ich habe meist als erste Nachricht einen bereits vorhandenen Schnappschuss des Stubentigers verwendet und habe als Bildunterschrift hinzugefügt: „Guck mal, ich muss immer wieder über diese Katze lachen ...", oder als Antwort auf ihre Nachricht: „Heute braucht jemand aber viel liebe ;-) ..." Damit suggerierst Du, dass Du gerne kuschelat, tierlieb bist und Schutzbefohlenen gegenüber Verantwortung übernimmst. Das kurbelt den Nesttrieb der Frauen an. Das zeigt, dass Du auch für ein Kind sorgen könntest. Das macht unwiderstehlich. Macht unsterblich sexy.

Sobald Du ein nettes Gespräch via WhattsApp oder per SMS eingefädelt hast, darfst Du auf keinen Fall zu viel Zeit verstreichen lassen,

um ein weiteres Treffen bei Dir zu Hause zu veranschlagen. Dort gehst Du dann in die Vollen. Hier hast Du Heimspiel. Es gibt sicherlich Tausende Kombinationen und Möglichkeiten, wie Du es zu einem Treffen kommen lassen kannst. Was ich hier schreibe, ist meine eigene Masche, und sie funktionierte bislang immer.

Das Treffen

Die Frage danach sollte ungezwungen kommen. Ein lapidarer DVD-Abend. Darauf lassen sich die meisten Frauen nach einer kurzen Kennenlernphase ein, schon erst recht, wenn wir uns derart gut verkauft haben. Meist können sie nicht anders, denn sie möchten den Support durch uns nicht verlieren. Komplimente und Wertschätzungen tun Frauen so gut, dass sie diese nicht missen wollen.

Um Dir ein kurzes Beispiel zu erzählen: Eine befreundete Familie von mir adoptierte ein Problemkind aus der Dominikanischen Republik. Der Junge war sechs Jahre alt und kannte keinerlei Regeln. Genauso wenig wollte er sie überhaupt erst kennenlernen. Im Haushalt sowie in der Schule ging fortan alles drunter und drüber. Täglich wurden die Eltern vorstellig beim Direktor der Schule und zu Hause gab der Kleine den Ton an. Scheinbar halfen keinerlei Drohungen oder Versprechungen. Eines Tages suchte die Familie einen Therapeuten auf, welcher die Lösung parat hatte.

Fortan wurde dem Kind gezielt eine eigens für ihn zugeschnittene kleine „Traumwelt" aufgebaut. Einmal die Woche wurde sein persönlicher Lieblingsspielplatz aufgesucht, einmal die Woche bekam er sein Lieblingsessen und abends durfte er seine Lieblingsserie im TV ansehen. Als er sich an seinen persönlichen Ablauf gewöhnt hatte, wurde ihm gedroht, das ganze persönliche Paket für eine Woche abzustellen, wenn er dies und jenes nicht unterlasse. Zwar musste die Prozedur ein- bis zweimal durchgezogen werden, um glaubhaft zu sein, aber letztendlich half es. Es wurde also mit aller Absicht ein Schloss für ihn aufgebaut,

das man zerstören konnte, um somit eine Drohung in der Hand zu haben, falls er sich daneben benimmt.

Vorher hatte er ja nichts zu verlieren gehabt. Genauso funktioniert das Spielchen bei uns Erwachsenen. Wenn jemand für uns ein persönliches Märchenschloss aufbaut wollen wir es nicht mehr verlieren, jedoch muss es vorher zuerst einmal aufgebaut werden. Das haben wir bei unserer Frau nun getan. Je besser wir uns verkaufen und je wohler sie sich in unserer Gegenwart fühlt, desto mehr möchte sie uns behalten.

Nun, sie wird sich auf den DVD-Abend einlassen. Wichtig ist nun aus den Vollen zu schöpfen und bei uns zu Hause eine Art Wellnessoase einzurichten. Wir überlassen nichts dem Zufall. Gehe auf chefkoch.de und suchen Dir ein tolles mediterranes Rezept heraus. Es sollte etwas Leichtes sein. Etwa Fisch oder Scampis mit tollen Kräutern und Olivenöl. Dazu selbst gebackenes, knusprig frisches Ciabatta. Diese Rezepte sind so simpel wie lecker und verbinden ihren Aufenthalt bei uns mit einem Urlaub in Italien. Im Hintergrund läuft tolle Musik. Gutes und leichtes, noch dazu gesundes Essen kommt bei Frauen so gut an wie Klavierspielen. Wer gut kochen kann, suggeriert wieder das Gefühl des Versorgers und selbständigen Mannes. Wichtig ist nur, dass es sich dabei um eine leichte Mahlzeit handelt. Servierst Du Schweinebraten mit Knödeln, sinkt die Chance auf Sex an diesem Abend um ein Vielfaches. Ein vollgefressener Bauch wird müde.

Hier mein Geheimrezept, wovon bisher noch jede Frau geschwärmt hat:

Besorg Dir folgende Zutaten für mein weltbestes Bruschetta. Es handelt sich dabei um ein sizilianisches Familienrezept. Ändere es keinesfalls ab und gib keinen Käse oder Zwiebeln dazu. Das macht nur ein Deutscher. Noch dazu wenn er keine Ahnung hat. Wir wollen ja weiterhin exklusiv bleiben, nicht wahr?

Für zwei Personen:
- Ein großes Baguette oder besser noch selbst gebackenes Ciabatta
- 9–12 Tomaten

- 10 Knoblauchzehen
- Olivenöl
- Salz (ich bevorzuge Himalayasalz)
- 4 Esslöffel Oregano, getrocknet

Die Tomaten und Knoblauch werden in kleine Würfel geschnitten, dann mit dem Olivenöl und dem Oregano vermischt. Nun schneidest Du das Ciabatta oder Baguette in daumendicke Scheiben und schiebst diese in den auf Anschlag vorgeheizten Backofen. WICHTIG! Die Scheiben sollen nicht braun werden, also max. eine Minute der Hitze aussetzen, sodass das Brot kross ist.

Jetzt gibst Du die Tomaten-Kräutermischung mit einem Esslöffel auf die knusprigen Brotscheiben und streust jetzt erst zum Schluss etwas Salz auf das Ganze.

Du wirst begeistert sein von diesem mediterranen Gericht. Sowas macht Frauen an. Darauf stehen sie.

Wenn Du keine übergroße Musiksammlung besitzt, empfehle ich den Onlinesender radiolovelive.com. Dieser läuft bei mir immer, wenn ich von attraktiven Damen Besuch bekomme, und schafft eine sehr knisternde Stimmung. Großer Vorteil ist es, wenn Du einen kleinen Subwoofer an die Musikquelle hängst. Der leichte, durchdringende Bass ist das A und O guter Musik. Sie wirkt einfach um Längen besser und unterstreicht das Ambiente ungemein.

Zeige Dich von Deiner besten Seite. Stehe nicht mit Jogginghose am Herd. Du trägst ein legeres, aufgeknöpftes Hemd, eine Anzugshose und Schuhe dazu. Du duftest nach gutem Parfum und hast ein paar Kerzen angezündet. Nebenbei servierst Du ein Glas Rotwein. Es kommt auch sehr gut an, wenn Du die Frau beim Kochen mit einbeziehst. Somit schaffst Du wieder ein weiteres Stück der Zusammengehörigkeit und gleichzeitig sieht sie, dass Du nicht zu schüchtern bist, sondern auch gerne mal eine kleine Aufgabe verteilst. Du suchst den Körperkontakt und setzt physische Anker, indem Du den Ellenbogen der Dame berührst, sobald sie etwas Lustiges oder Schönes erzählt. Auch hypnotische Sprachmuster setzt Du ein, wann immer es geht, und verbindest

diese mit physischen Ankern. Du lenkst auch oft das Thema auf schöne Erlebnisse, um die Trigger ihren Dienst tun zu lassen. Du erzählst von Urlaub und warmem Wasser, gutem Essen, tollen Gefühlen. Kurzum, Du kreierst ein Gespräch, welches ein Orgasmus für ihre Sinne darstellt.

Wichtig ist das Spiegeln. Du spiegelst den ganzen Abend. Du willst ein Maximum an Beziehung und Nähe. Nun verrate ich Dir, wie Du es schaffst, ein Verliebtheitsgefühl in ihr zu wecken! Nachdem sie sich Dir nach all der Spiegelei und Ankerungen extrem nahe und vertraut fühlt, richten wir das Thema auf die Liebe. Wie Du das anstellst, ist völlig egal. Beispielsweise warte ich auf das richtige Lied, um die passende Stimmung zu bekommen, sitze ihr gegenüber beim Essen und sage etwas wie: „Ich weiß nicht, ob du schon einmal so richtig verliebt warst in deinem Leben, also ich meine verliebt wie noch nie zuvor (dabei zeige ich mit dem Zeigefinger unbemerkt auf mich oder kratze mich an der Brust). Dieses Gefühl wenn die Schmetterlinge in dir umherfliegen und du an nichts mehr anderes denken willst ..."

Das Ende dieses Satzes kannst Du Dir selbst überlegen. Wichtig ist nur, dass Du diesen hypnotischen Satz sagst, ihr dabei in die Augen schaust und mit dem ausgestreckten Zeigefinger auf Deine Brust zeigst. Das suggeriert ihrem Gehirn, dass diese kleine Geschichte mit Dir zu tun hat. Sie wird es unbewusst speichern. Dann beginne Dich selbst so zu verhalten, als seist Du ein wenig verliebt. Da sie nun mit uns auf der gleichen Welle schwingt, wird sie dies aufnehmen und das Gefühl selbst entwickeln. Ohne etwas dagegen unternehmen zu können oder zu wollen. Volltreffer! Wir mimen einen unserer Hollywoodschauspieler, gehen wie er, sehen sie an wie dieser in Filmen Frauen ansieht usw.

Nach einem Glas Wein, das an diesem Abend nicht zu unterschätzen ist, legst Du den Film ein. Jetzt kommt meine absolute Geheimwaffe. Es mag unglaubwürdig klingen, aber sämtliche meiner Freunde und Kursteilnehmer können den Erfolg dieser Masche bestätigen. Du wählst natürlich keinen Actionfilm, sondern einen Film, der die Frau zum Weinen bringen wird. Nachdem Du eine derart tolle Stimmung erschaffen hast, rundet der Film den Abend perfekt ab. Meine absolute Empfehlung ist der Film „Hachiko – Eine wunderbare Freundschaft" mit Richard Gere (2009). Du sitzt neben ihr und wartest, bis der Film gegen

Ende anfängt ziemlich traurig zu werden. Das ist der Moment, auf den wir hingearbeitet haben. Jetzt streichelst Du sanft ihre Hand. Lässt sie das zu, gehst Du einen Schritt weiter und streichelst mit der Handinnenfläche ihre Wange. Es ist nachgewiesen, dass dies Glückshormone auslöst. Arbeite nun auf den ersten Kuss hin. Das Game ist gewonnen!

So, was ist zu beachten. Du musst unbedingt vorher klären, ob sie diesen Film bereits kennt. Tut sie das, wähle „Revenge – Eine gefährliche Affäre" mit Kevin Costner (1990). Auf keinen Fall Kassenschlager wie „Titanic" oder ähnliches.

Versuche meine Masche in ähnlicher Art und Weise und ich kann Dir garantieren, dass Du erfolgreich sein wirst. Die weiteren Treffen bei Dir sollten dann geprägt sein von Badewannen mit toller Musik und Badeölen, Kerzenschein und leckerem Essen. Du wirst Deine Herzdame auf diese Art eine ziemlich lange Zeit bei Laune halten.

Ich wünsche Dir viel Erfolg und Spaß dabei.

Wie bekomme ich die Ex zurück

Wenn Du Dir nichts sehr Gravierendes bei der Trennung zu Schulden hast kommen lassen, ist die Wahrscheinlichkeit, Deine Ex zurückzubekommen, sogar ziemlich hoch. Ich persönlich schätze die Chance auf 80 %. Zumindest, wenn es die erste Trennung ist.

Manche Menschen neigen dazu, bei einer Trennung über die Grenzen zu schießen. In ihrer Verzweiflung und Trauer stoßen sie Drohungen aus oder schlagen sogar schlimmstenfalls zu. Davon ist, abgesehen von Ethik und Strafverfolgung, ganz gelinde gesagt, dringendst abzuraten. Durch derartige Ausraster sinken die Chancen, Deine Ex zurückzubekommen, drastisch. Keine Frau will einen Psychopathen an ihrer Seite. Allerdings muss ich auch sagen, dass ich es vor allem bei jungen Beziehungen, die noch nicht lange liefen, erlebt habe, dass gerade solche Ausraster schneller verziehen werden.

Gehen wir also nun davon aus, dass die Trennung im beidseitigen Einvernehmen stattfand, Deine Frau einen anderen Mann kennengelernt hat oder sich aus anderen Gründen getrennt hat. Sollte sie einen neuen Mann kennengelernt haben, ist das meist ein Trostpflaster, das über die Wunde des langen ersehnten und gefehlten Feedbacks geklebt wird und auch bald wieder abgerissen wird. Männer, welche diesen Umstand ausnutzen, sind auswechselbar und meist nicht die große Dauerliebe. Nicht zuletzt heißt es ja, dass die erste Beziehung nach einer langjährigen Partnerschaft meist von kurzer Dauer ist. Jetzt musst Du also nur noch abwarten und einige Monate ins Land ziehen lassen.

Den Spieß umdrehen

Wir bedienen uns der einzigen Technik, welche die höchstmöglichen Aussichten verspricht, die Herzdame wieder zu bekommen. Wir sorgen dafür, dass sie nun uns hinterherlaufen muss. Das nennt man auch die Nichtmeldetaktik.

Diese Technik ist extrem wirkungsvoll und wurde von mir und vielen Kursteilnehmern sowie Freunden meist erfolgreich genutzt. Wieso funktioniert das? Warum ist diese Vorgehensweise so wirkungsvoll, wie sie auch banal ist?

Das ist einfach: Die Trennung ist also vollzogen und Deine Ex genießt die Freiheit. Du wirst Dich damit abfinden müssen, dass sie auch wieder mit anderen Männern ins Bett steigt und ihre Freiheit lebt. Dieses Freiheitsgefühl dauert aber meist nicht lange und sie wird sich wieder nach einer Beziehung sehnen. Da der perfekte Mann nicht an jeder Ecke zu finden ist, wird sie zunächst an weniger perfekte Männer geraten, welche vielleicht mehr Geld haben als Du oder attraktiver aussehen. Allerdings ist es sehr unwahrscheinlich, dass sich derartige Affären zu ernsthaften Beziehungen entwickeln. Sie wird nun bald merken, dass sie bei Dir wenigstens alle Macken kennt. Das Beste nach verstrichener Zeit ist der Umstand, dass Menschen nur zu leicht vergessen, wie schlecht eine Partnerschaft tatsächlich war. Das liegt in der Evolution. Es ist für uns Menschen wichtig, Negatives auch wieder zu vergessen. Wir würden es sonst ständig mit uns herumtragen und würden zum Dauergast bei Psychologen.

Wenn wir unsere Nichtmeldetaktik verfolgen, wird unsere Ex nichts von uns erfahren. Weder was wir treiben, noch wie bunt. Sie wird sich wie jeder getrennte Partner also bei Freunden erkundigen und wird nun erfahren, dass wir alles andere tun als Trübsal blasen. Im Gegenteil. Sie wird Dinge erfahren, die Dich wieder interessant macht. Freunde werden ihr nun erzählen, dass Dein Alltag mittlerweile ganz anders als noch zu Beziehungszeiten aussieht. Du gehst jetzt regelmäßig zum Sport anstatt zu Hause vor dem Fernseher zu sitzen, Du fährst in den

Urlaub, Du hast wieder ein reges Sozialleben aufgenommen. Du verunsicherst Deine ehemalige Herzdame somit und zeigst ihr, was sie mit Dir verloren hat.

Glaube mir, wenn sie mitbekommt, dass Du Dir wochenlang zu Hause die Augen ausweinst, wird sie das noch mehr bestätigen, dass die Trennung ein richtiger Schritt war. Wir geben ihr Macht in die Hand. Die Macht, über unsere Seele zu regieren. Und das wollen wir nicht. Ihr würde es noch viel einfacher fallen, konsequent mit der Trennung zu bleiben, bis sie etwas Besseres gefunden hat. Sie weiß ja, dass sie noch immer einen Fuß in Deiner Tür hat und zu jeder Zeit wieder auftauchen könnte, um von Dir mit offenen Armen empfangen zu werden. Gib ihr also keinesfalls den Treibstoff, um ihre Rakete bis ans Ziel fliegen zu lassen.

Sobald sie die Tür hinter sich zugezogen hat, weinst Du (wenn überhaupt) nur in den eigenen vier Wänden und rufst kein einziges Mal hinterher. Du schreibst nicht, Du facebookst nicht. NICHTS! Sollte sie sich melden, wirst Du ihr glaubhaft versichern, so widersprüchlich es auch klingen mag und so schwer es für Dich sein wird, dass Du die Trennung mittlerweile auch für eine gute Idee hältst. Das wird ihre Unsicherheit steigern. Sollte sie Dich anschreiben, wirst Du erst ein paar Stunden später freundlich, aber kurz und knapp antworten. Ruft sie an, um sich zu erkundigen, wie es Dir geht, behandle sie wie eine Freundin, habe aber nicht lange Zeit zu quatschen, da Du irgendwo eingeladen bist. So zeigst Du ihr nun Deinen zu neuem Leben erwachten sozialen Status. Du machst Dich für sie wieder interessant. Beliebte Männer ziehen Frauen geradezu an. Merke Dir, Frauen finden Protzautos meist langweilig und überflüssig. Warum stehen sie aber auf Männer, denen diese Fahrzeuge gehören? Ganz einfach: Diese Männer demonstrieren finanzielle Unabhängigkeit und werden von anderen Männern für ihr Auto bewundert. Nur weil es andere Männer toll finden, steigt ihr sozialer Status. Dadurch wirst Du auch in der Frauenwelt beliebt.

Jetzt werden wieder die Alarmglocken einiger Softis anschlagen und mir böse Mails schreiben. Das ändert aber nichts an der Tatsache, dass die meisten Frauen nun einmal so reagieren. Du brauchst jetzt nicht gleich zum nächsten Autohändler fahren, um Dich zu ruinieren.

Ich möchte Dir damit nur zeigen, wie wichtig sozialer Support ist. Egal wie Du Dich beliebt machst, wichtig ist, dass Du es tust! Stürze Dich in Hilfsbereitschaft, gehe auf Partys oder schmeiße selbst eine. Sie wird es über ein paar Ecken mitbekommen und anfangen Dich zu vermissen. Verstehst Du jetzt, warum es so wichtig ist, sich niemals in dieser Phase bei ihr zu melden? Sie wird sonst nie damit anfangen, Dich zu vermissen. Was man immer haben kann, ist uninteressant. Was man nicht mehr haben kann, wird umso interessanter. Gleichgültigkeit ist die schlimmste psychologische Taktik.

Manche Männer glauben, dass die Frau es ja irgendwann kapieren muss, wie sehr sie sie noch immer lieben, wenn sie ihr am Rockzipfel hängen und ihr lauthals nachweinen, ihr täglich Rosen der Entschuldigung auf die Arbeit senden oder auf Knien im Schnee „amore mio" herauf- und heruntersingen. Glaube mir, das ist alles andere als attraktiv und wirkt eher abstoßend. Vielleicht freut sie sich noch zu sehen, wie Du hinterherrennst, aber attraktiver macht Dich das mitnichten. Vertraue mir.

Ich weiß, wie schwer es ist, sich nicht bei der Ex zu melden, aber Du musst Dich ablenken und Du darfst keinesfalls auf die Idee kommen, ihr doch etwas zu schreiben. Lasse keine schwache Minute zu. Wenn Du es nicht durchhalten kannst, dann gib Dein Handy eben einem guten Freund zur Aufbewahrung, bis Du es eben kannst. Ein Bekannter von mir schaltete sein Handy nach solch einer Aktion Wochen nach der Trennung wieder ein und erhielt über 30 Nachrichten von seiner Ex. Anfangs handelte es sich noch um böse Mitteilungen, welche sich dann aber gut zu beobachten in Verzweiflung wandelten. Du wirst Dich wundern, wie stark diese Technik sich auf die Psyche Deiner Ex auswirken wird, denn sie wird mit allem rechnen, nicht allerdings, dass Du Dich wochenlang nicht rührst. Wenn Du das Eis brichst, ist es okay, ihr kurz, knapp und freundlich zurückzuschreiben. Denke aber bloß nicht, dass sie es nicht merkt wird, wenn Du seit Wochen wie ein Besessener auf eine Nachricht von ihr wartest und auf der Stelle zurückschreibst. Lasse Dir ruhig Zeit und simuliere Gleichgültigkeit.

Schlägt sie Dir ein Treffen vor, verwirfst Du zunächst ihren vorgeschlagenen Termin. Du zeigst ihr damit, dass sie nicht mehr der Mittel-

punkt Deines Lebens ist. Immerhin hat SIE Dich verlassen und möchte nun etwas von Dir. Keine Angst vor ihrer Reaktion! Wenn Du einen Tag später für das Treffen vorschlägst, ist das völlig in Ordnung. Sie wird nicht auf die Idee kommen, dass sie immer noch den Fuß in der Tür hat. Sie wird weiterhin vermuten, dass Du wieder etwas am Laufen haben, ohne dass Du es selbst sagst. Absolute Ungewissheit ist die Ansage. Eine gute Ansage.

Sollte sich mit ihr nach dem Treffen wieder eine Beziehung anbahnen, kann ich Dir nur raten, das diesmal langsam anzugehen. Zeige ihr, wie schwer es ist, Dich wiederzubekommen. Sie soll sich beim nächsten Mal zweimal überlegen, ob sie so etwas wieder durchziehen will. Außerdem kann ich Dir garantieren, dass sie mit Dir in der neuen Beziehung umgehen wird, als wärst Du ihr Kasper, wenn Du es ihr zu einfach machst.

Viel Erfolg beim Durchhalten, solltest Du eines Tages in dieser Situation stecken.

DIE PERFEKTE MASCHE

DIE PERFEKTE MASCHE

Was man von Profis lernen kann | Die perfekte Masche

Macho oder Softie?

Die Frage aller Fragen nun noch hier zum Schluss. Ich kann es nicht mehr zählen, wie oft ich diese Frage gehört oder gelesen habe. Die Antwort bedarf einer kurzen Erklärung und ist absolut nachvollziehbar.

Fangen wir mit einem Beispiel an. In der Stadt, in der ich einmal gewohnt habe, gab es einen bekannten Zuhälter. Groß, braun gebrannt, muskulös, tätowiert und die langen Haare zu einem Zopf zusammengebunden. Stilecht fuhr er einen dicken Benz. In meinem Bekanntenkreis befand sich nun eine absolute 1er Frau. Ich fragte sie einmal, ob sie mit so einem Typen in die Kiste springen würde. Rate mal, was sie geantwortet hat.

„Sex auf jeden Fall! Der ist so unnahbar, das macht mich an. Beziehung niemals!"

ONS oder Beziehung

Was bedeutet das nun? Man muss unterscheiden zwischen sexueller Anziehungskraft und der Bindung, mit der man eine Familie gründen möchte. Deshalb musst Du Dich für eine der beiden Ziele entscheiden. Eine gute Freundin sagte es einmal treffend, als sie mir auf dieselbe Frage antwortete: „Eine Frau steht auf eine Mischung zwischen Machos und Softies." Zu allen anderen könne ihr Mann ein Arschloch und Obermacho sein, nur zu Hause aber soll er zuvorkommend und nett sein. Das

steigert die Libido und zeigt unbewusst, dass niemand an ihn herankommt außer die eigene Frau. Unter diesen Umständen würde es auch unser Zuhälter schaffen, aus sexueller Lust eine Beziehung aufzubauen.

Wer das kapiert hat, versteht auch, warum „1er Frauen" im reiferen Alter mit irgendwelchen überernährten Bankern verheiratet sind. Es ist die Zeit des Kinderkriegens und da will Frau sich eben gut versorgt wissen. Das heißt so wenig Stress wie möglich. Unser Zuhälter hätte hier schlechtere Karten, da sein Auftreten Beziehungsstress bedeuten würde und sich die Frau nie sicher sein könnte, dass er selbst in schwierigen Zeiten ihr treu bleibt. Der gut Situierte hingegen weiß, dass er zwar Geld hat, allerdings für Schäferstündchen nicht das nötige Aussehen besitzt. Das ist eine gewisse Sicherheit für die werdende Mutter.

Allerdings kommt jetzt der Punkt, an dem die Katze sich in den eigenen Schwanz beißt. Nachdem das Kind da ist, wird die Frau wieder Lust bekommen, sich ins Abenteuer zu stürzen. Allerdings ohne die Kuh zu schlachten, welche sie nährt. Ich habe es so oft erlebt, dass gerade Bankiersgattinnen oder andere wohlsituierte, gutaussehende Frauen mit tätowierten Türstehern oder anderen branchenüblichen Typen fremdgehen, um sich den Kick zu holen, den sie zu Hause nicht bekommen. Jetzt kommst Du in den Ring. Da Du nun weißt, dass Du mit den hier beschriebenen Tricks jede Frau bekommen kannst, wenn sie gerade offen dafür ist (und diese Phase hat JEDE Frau), musst Du nun nur noch auf die äußeren Anzeichen achten. Das Cold Reading wird Dir dabei helfen. Wie zieht sie sich an? Wo hält sie sich auf? Lässt sie sich auf das Gespräch mit Dir ein? Spricht sie in einem sexy Tonfall mit Dir und vor allem, wie verhält sie sich, wenn Du die Phase der körperlichen Berührungen startest?

Tu Dir allerdings den Gefallen und sehe das Ganze immer als sexuelle, einmalige Sache. Allerhöchstens als Affäre. Sobald Du versuchst, eine Frau, die derart gut im Leben steht, mit Blumen und Briefchen auf deine Seite zu ziehen, wird sie schneller weg sein, als Du schauen kannst. Das garantiere ich Dir!

Die meisten dieser Frauen sind auf der Suche nach einem Abenteuer. Liebe zu ihrer „Lebensmittelversicherung" ist die eine Sache. Der

gute Sex vor allem eine hormonelle. Unterschätze niemals die Macht der Hormone. Wenn sie „anständig" ist, wird sie sich nach dem Orgasmus dafür hassen. Sie wird es dennoch immer wieder tun. Sie kann nicht anders. Zu stark ist der evolutionäre Drang, sich mit anderen Männern zu paaren. Zu groß der Reiz. Zum Glück gibt es Kondome und Pillen, die einen vor weitreichenden Folgen schützen. Auf jeden Fall ist das Deine Eintrittskarte in die Welt der magischen Lust und Verführung.

Die Kehrseite der Medaille: Die wenigsten Männer wissen, wie sie ihre Grand Dame von derartigen Ausflügen abhalten können. Das Zauberwort heißt: Abwechslung. Je nach sexueller Laune und Situation mag es die treue Ehefrau nicht nur alle vier Wochen mal auf dem Küchentisch oder mal auf der Waschmaschine. Nein! Je nachdem, welche indirekten Wünsche sie hat (und diese wird sie Dir nicht einmal in ihrem schwächsten Moment offenbaren), möchte sie beim Sex mal leicht gewürgt, erniedrigt oder anal befriedigt werden. Finde es heraus. Probiere es aus. Viele Frauen mögen den dominanten Tonfall und wollen gelenkt werden. Nicht umsonst kaufen selbst spießig anmutende Damen Bücher wie „fifty shades of grey" und besetzen stundenlag Kinosäle, um diesen Streifen zu sehen. Das gibt es nicht zu Hause und alles, was man nicht haben kann, ist interessant!

Achte bei all Deinen Ausflügen aber stets darauf, nichts von Deiner familiären oder von Deiner Wohnsituation zu erzählen. Das macht Dich berechenbar und nahbar. Sexuell interessant ist das nicht. Frauen lieben das Unnahbare. Stell Dir einmal vor, unser Zuhälter würde plötzlich anfangen davon zu erzählen, dass seine Mutter im Krankenhaus liegt, er seit Jahren mit Gastritis zu kämpfen hat oder – noch besser – er würde plötzlich von seiner schwierigen Kindheit erzählen. Ein absolutes „No Go"! Privates hat außen vor zu bleiben. In jedem Fall.

Wie schon gesagt, bastelst Du ein Märchenschloss in Deinen vier Wänden, aber private Dinge haben in der Schublade zu bleiben. Kein Film wäre mehr interessant, kein Schauspieler oder Musikstar unnahbar, wenn wir deren Eltern kennenlernen oder die gesamte Familiengeschichte erzählt bekommen.

Ein guter Freund von mir traf sich über einen regionalen Chat beinahe täglich mit wirklich heißen Frauen. Er selbst sah gut aus und wir alle dachten daher, er würde jeden Abend mit einer anderen Frau ins Bett gehen. Umso größer war die Enttäuschung, als er uns erzählte, dass er bereits seit einem Jahr keinen Sex mehr hatte. Sein Fehler? Jede Frau, die er mit nach Hause nahm, führte er auch durch das Haus seiner Eltern. Ein derart intimer Einblick zerstört jegliche Illusion! Mit einem Schlag.

Quintessenz

Frauen fahren also auf Machos ab, allerdings nur solange die Illusion ihre knisternde Energie hat. Das Unnahbare muss erhalten bleiben. Das ist sexy!

Anschaulichstes und prominentes Beispiel ist Romy Schneider. In den 70ern war sie in der Talkshow „je später der Abend" eingeladen. Auch der Bankräuber und jetzige Regisseur Burkhard Driest war zugegen. Man findet die komplette Sendung übrigens auf Youtube. Driest, damals typischer 70er Jahre Draufgänger und Vollmacho, kommt cool hereingelaufen, als er aufgerufen wird, und setzt sich neben Romy. Nicht nur für die damalige Zeit war die Schauspielerin eine 1er Frau, auch heute würde sie in diesem Outfit und mit einer derartigen Ausstrahlung ohne Weiteres als Traumfrau durchgehen.

Beobachte einmal, wie Driest sich Schneider gegenüber verhält. Erörtern wir einmal zusammen die Situation. Am Tisch sitzen neben dem Moderator noch ein paar weitere männliche Gäste mittleren Alters. Alle mehr gebildet als attraktiv. Spricht Romy, pflichten ihr alle bei jeder Aussage bei. Außer Driest. Er beachtet sie kaum bis gar nicht. Er zeigt ihr die Kalte Schulter. Wohl deshalb so authentisch, weil er vermutlich genug Erfolg in der Damenwelt hatte und ihn die Schauspielerin tatsächlich nicht sonderlich interessierte. Romy lässt das hingegen nicht kalt. Im Laufe der Sendung fühlt sie sich mehr und mehr von Burkhard

Driest angezogen. Ja sie berührt sogar seine Hand und sagt: „Sie gefallen mir sehr!"

Ein derartig offener Flirt einer verheirateten Frau und das noch im Fernsehen löste damals natürlich einen entsprechenden Hype in der Presse aus. Jahre nach Schneiders Tod gab der ehemalige Bankräuber an, dass diese ihn nach der Sendung sogar gefragt habe, ob er mit ihr ins Bett wolle. Ob es wirklich so war, sei dahingestellt. Nach eigener Aussage lehnte er übrigens grinsend ab.

Nicht nur, dass Driest durch seine lotterhafte Lebensweise und sein Bad-Boy-Image Sexappeal ausstrahlte, nein, er war vermutlich auch einer der wenigen Männer in Romys Leben, dem sie völlig gleichgültig war. Das war sie nicht gewohnt. Das machte ihn begehrenswert.

Jeder der Mitfünfziger in der Runde hatte der Schauspielerin in allem recht gegeben, ihr beigepflichtet, wann immer es ging. Sie wurden allesamt somit zu nichts anderem als zu einem dieser vielen Stiefellecker in ihrem Leben. Driest stieß aus der Gruppe heraus und kam mit seinem Verhalten näher an die attraktive Schönheit heran als das ein Anderer geschafft hätte. Sie hatten gespiegelt, was das Zeug hielt, und waren doch keinen Schritt weiter gekommen. Pech für die Herren, dass es damals noch kein Buch wie dieses gab. Es hätte ihnen erklären können, wie man trotz einer verpatzten Technik dennoch weiterkommt.

Ich erkläre meinen Kursteilnehmern daher immer: „Macht es wie Driest." Er war durchaus auch charmant, WENN er sie einmal beachtete. Die meiste Zeit aber strafte er sie mit Desinteresse. Eine Variante, die man durchaus spielen kann. Auf jeden Fall wird man mit diesem Zug in einer solchen Gruppe sicherlich größere Chancen haben als die Stiefelleckerfraktion. Wird es mit der Zeit dann auch noch zum authentischen Desinteresse, weil es Dir auf den einen oder anderen Flirt nicht mehr ankommt, bist Du wirklich weit gekommen. Eine Frau wird es spüren, darauf kannst Du Dich verlassen.

DIE PERFEKTE MASCHE

DIE PERFEKTE MASCHE

Die Zeitmaschine – oder wie man Körbe zurückwirft!

Ein sehr beliebtes, äußerst effektives Profispiel ist „Die Zeitmaschine". Ich habe es bis zum Exzess durchgespielt und festgestellt, dass man damit tatsächlich die Zeit zurückdrehen kann. Stell Dir vor, Du könntest jedes Mal die Zeit für ein paar Minuten zurückdrehen, falls Du Dir tatsächlich einmal einen (Dir womöglich noch peinlichen) Korb eingefangen hast. „Oh mein Gott! Was denkt sie jetzt von mir und (noch schlimmer) was denken die Leute, die uns beide kennen, wenn sie es herumerzählt?" Nun, ich bin zwar kein Quantenphysiker, aber ich habe für derartige Fälle in meinem kleinen Labor eine Zeitmaschine entwickelt. Du wirst begeistert sein davon. Steig ein, ich erkläre Dir, wie man sie bedient.

Wieder einmal hatte ich eine Frau am Start. Bereits nach kürzester Zeit hatte ich sie so weit, mich zu Hause besuchen zu kommen. Einfach nur, um meine Tapas zu probieren und ein bisschen zu quatschen. Zumindest hatte ich es so verkauft. Frauen würden Dich niemals zu Hause besuchen, wenn sie im Vorfeld schon absolut sicher ausschließen, dass nicht auch noch mehr mit Dir laufen könnte. Ein bisschen prickeln muss es eben. Sie beschnuppern ihre scheinbare „Beute". Dann sind sie sich entweder sicher, dass es niemals weiter gehen wird, oder geben Vollgas.

Nachdem wir gegessen hatten, bat ich sie auf ein Glas Wein nach oben in die Lounge, um ihr näher kommen zu können. Es hat einen bestechenden Vorteil, wenn einen nicht dauernd die benutzten Teller daran erinnern, dass der eigentliche Anlass des Abends nun eigentlich vorbei ist. Eine neue Szene muss her und die beginnt mit dem Wein- oder Wasserglas-Spiel.

Zu bester Musik trat ich also nun irgendwann an sie heran, um ihr eines meiner Meisterstücke der Mentalmagie zu präsentieren. Sie war den Tränen nahe und ich nahm sie natürlich in den Arm. Nicht nur, um sie zu trösten. Selbstverständlich auch um zu testen, ob sie körperliche Nähe schon zulässt. Sie erwiderte die Umarmung. Zum Glück. Ich hauchte ihr sanft einen Kuss auf die Wange. Vielleicht ließ sie ja auch das zu. Und das tat sie! Jackpot! Gerade als ich sie zum Sofa führen wollte, erwachte sie dummerwiese aus der Trance, diesem wunderbaren Flow von Hormonen und Gefühlen. Ihre Prinzipien meldeten sich zurück und schlugen Rabatz. Ich weiß es noch so, als wäre es gerade eben geschehen, als sie mir entgegenschmetterte: „Ich bin nicht hierhergekommen, um Sex mit Dir zu haben!" Das saß! Ohne lang zu überlegen, aktivierte ich aus dem Affekt die Zeitmaschine. Entsetzt ließ ich sofort von ihr ab. Diesmal rief ich empört, dass ich in keinster Weise dies jemals vorgehabt hätte. Mir sei es um einen magischen Abend gegangen, um nicht mehr. Wenn sie dies falsch verstanden habe sollte, täte es mir sehr leid für sie.

Merkst Du, was geschehen war? Die wundervolle Situation drohte zu kippen, der magische Abend zu platzen. Dank meiner empörten Entgegnung geriet nun sie in die Lage, ihre Unterstellung berechtigt zu bezweifeln. Sie bemerkte, welch Unverschämtheit sie mir gerade vorgeworfen hatte und damit heraufbeschwor, den ganzen Abend zu versauen. Das Spiel hatte sich wieder gedreht. Mit einem Schlag. Jetzt war sie wieder in der Position einer „Bittstellerin". Sie musste nun alles tun, um wieder gut zu machen, was sie gerade im Begriff gewesen war zu zerstören. In ihrer inneren Realität rückte ich nun an einen anderen, einen gefahrlosen Platz. Wurde ich zu jemandem, der einfach nur ein guter Freund sein wollte. Ohne Hintergedanken selbstverständlich. Zudem zählte ich damit zu den wenigen Männer in ihrem Leben, die sie wohl wirklich glücklich gemacht hatten. Es lohnt sich halt, es einfach draufzuhaben, solch tolle Abende gestalten zu können.

Ihr blieb der schwarze Peter. Schlecht hatte sie sich gefühlt. Mehr noch, einen Dummkopf hatte sie sich genannt. Wahrscheinlich hatte sie sich schon mit ihrer Freundin telefonieren gesehen und musste diesen dann beichten, wie dumm sie doch gewesen war, beinahe alles kaputt gemacht zu haben.

Da sie nun sicher davon ausgehen wird, dass Du an diesem Abend auf keinen Fall mehr die Initiative ergreifen wirst, wird sie es nun selbst darauf anlegen. Den Bonus, erobert zu werden, hat sie sich ja selbst zerstört. So bleibt ihr nur noch die Wahl, irgendwann nach Hause fahren oder selbst Gas zu geben und das Zepter in die Hand zu nehmen.

Wirkungsvoll reframen

Bemerkst Du, was geschehen ist? Wir haben die Situation professionell gedreht, reframed sagen die NLP-Profis dazu. Innerhalb weniger Sekunden haben wir eine noch derart von sich selbst überzeugte Dame dazu gebracht, nun selbst aktiv zu werden. Der Korb flog in hohem Bogen zurück und die Aussicht auf Mehr an diesem Abend stieg somit auf über neunzig Prozent! Sollte sie sich allerdings doch entscheiden, das Abenteuer mit Dir nun doch nicht einzugehen, wirst Du niemals als Looser dastehen. Sie wird auch nichts Negatives von diesem Abend erzählen. Zu groß wird ihr schlechtes Gewissen sein, Dir solch eine „Unverschämtheit" unterstellt zu haben.

Warum kann ich Erfolg bei 1er-Frauen haben, ohne Unmengen Geld zu besitzen?

Diese Frage stellen sich in der Regel nur Männer mit wenig Selbstbewusstsein. Wir also nicht! Trotzdem ist es eine Frage, die ich immer wieder zu hören bekomme. Die Antwort darauf ist recht einfach: Weil

mir bewusst ist, dass es immer jemanden geben wird, der mehr hat als ich selbst. Und selbst wenn das einmal nicht mehr möglich sein sollte, dann zählen plötzlich andere Dinge, die man sich nicht kaufen kann. So wird zum Beispiel ein uralter Milliardär immer eifersüchtig auf einen extrem gut aussehenden jungen Mann sein, auch wenn dieser nichts besitzt. Selbst den großen Stars entgleiten ihre Frauen. Beinahe im monatlichen Turnus könnte man meinen. Du siehst, es hat nichts mit Unmengen an Geld zu tun oder mit einem Prestigeobjekt nach dem anderen. Beim Erobern und Verführen kommt es auf andere Dinge an.

„Geld und Erfolg machen sexy!", gar keine Frage. Allerdings – und das ist das Tolle – ist es für das menschliche Gehirn völlig egal, in welcher Form Du erfolgreich bist. Viel wichtiger ist, dass Du dir sozialen Support aufbaust. Es ist für die Frau egal, ob die andere Männer Dich bewundern, weil Du reich bist, oder ob Du einfach nur ein cooler Typ bist, ob Du es drauf hast, Frauen zu verzaubern, ob Du hilfsbereit und zuvorkommend oder bei allen wegen Deiner Kinderliebe und Deinem Familiensinn gut angesehen bist.

Etwas anderes ist es, wenn Du weit weg von deiner „Homebase" bist und dein Target keinen Einblick in dein Umfeld hat. Deshalb stechen wir ja auch immer aus der Masse hervor, indem wir gepflegt im legeren Anzug unterwegs sind, gutes Parfum tragen und souverän auftreten.

Ein Zielbild nutzen

Stell Dir vor, George Clooney sei kein Hollywood-Schauspieler, sondern arbeitet in der Gemüseabteilung Deines Supermarktes. Trotz seines guten Aussehens hätte er vermutlich weniger Erfolg in der Damenwelt. Das belegt, dass sein enormer Sexappeal wohl eher von seinem Erfolg als Schauspieler rührt. Verantwortlich für den eigenen Stand bei Frauen ist demnach die Beliebtheitsskala. Mach Dich daher interessant und kleide Dich stets bestens. Wenn Du nur eine dieser beiden Regeln befolgst, wirst du sofort mehr Erfolg haben. Glaube mir.

Gleicher Effekt gilt übrigens bei den amerikanischen GIs. Jeder von uns kennt Frauen, die regelrecht auf Amerikaner abfahren, kaum sind sie in Reichweite. Um diese Männer zu besuchen, bedarf es einer Sicherheitskontrolle (sie sind unnahbar), tragen eine Waffe (mächtig) und sprechen eine andere Sprache (fremd, daher sexy). Zudem wusste niemand, was ein solcher GI mit welchem Dienstgrad überhaupt verdient (mysteriös), denn alle wohnten in den gleichen Barracks und hatten enormen Support, da jeder Soldat eine ganze Truppe, ja sogar einen ganzen fremden Staat hinter sich stehen hatte (wiederum Macht).

Wer mit Amerikanern Kontakt hatte, galt sofort als „cool", und wer sogar regelmäßig in deren Supermärkten einkaufen durfte, um den rissen sich alle. Alles gute Gründe für Frauen dafür, Amerikanische Soldaten im eigenen Land sexy zu finden.

Die restliche Arbeit erledigte Hollywood, indem wir alle jahrelang durch entsprechende Filme und Musikstars geprägt wurden und uns unbewusst einsuggeriert wurde, dass alles, was über den Ozean zu uns herübergeschwappt kam – in welcher Form auch immer –, dem entspricht, was wir aus US-Filmen oder -Musikvideos kannten und somit absolut cool war.

Man muss dazusagen, dass die Amerikaner eine extrem gute Werbeindustrie besitzen, welche schon sehr frühzeitig richtig erkannt hat, wie sehr man Menschen weltweit unbewusst derart manipulieren kann, dass man sogar ein totbringendes Handwerk verkaufen konnte, als gäbe es nichts Besseres, sich bei solch einem Club zu bewerben. US-Soldaten werden im eigenen Land zu Helden gemacht, um weitere Freiwillige für die Army zu gewinnen. Daher werden sämtliche Filme so gedreht, dass jeder GI in den Köpfen der Masse zum Nationalheld emporgehoben wird.

In den schillerndsten Farben wirbt die amerikanische Werbeindustrie, um suggestiblen Menschen Dinge zu verkaufen, welche heute viel Geld kosten, direkt nach dem Auspacken bereits nicht mehr benötigt werden, schlimmstenfalls sogar damit, das eigene Leben zu opfern. Ich will damit erklären, wie mächtig Suggestionen sein können. Wer das

verstanden hat, weiß, wie er sein Werkzeug richtig und „gewinnbringend" einsetzen kann.

Unnahbar, exklusiv und beliebt sein, das ist das Zaubermittel, welches uns sexy erscheinen lässt. Mit diesen Methoden erschaffen wir bei unserem Gegenüber ein Bedürfnis, Teil davon zu werden.

Schlussendlich rezitiere ich Falco, den österreichischen Michael Jackson. Der charmanteste und gleichermaßen intellektuellste, unnahbarste Macho, den ich bisher gesehen habe:

„In Wien kann Dir nichts schlimmeres passieren als ein netter Bursch zu sein. Ich bin lieber das Arschloch."

Über mich

Anhang

ÜBER MICH

Heiko Rieger

Das Übersinnliche faszinierte mich schon von klein auf. Als ich 1982 im bayerischen Neu-Ulm geboren wurde, konnte noch niemand ahnen, wie ich bereits zehn Jahre später meine Mitschüler, Lehrer und Freunde verzaubern würde. Paranormale Effekte, Zauberei und Magie waren immer schon mein Ding. Schon als Jugendlicher eignete ich mir psychologisches Fachwissen an, übte Zaubertricks und vor allem die Kunst des Menschenlesens.

Mit 21 Jahren stieß ich dann auf die Mentalmagie. Ich war fasziniert von der nebulösen Welt der Mentalisten, von ihren Fähigkeiten, scheinbar mühelos Gedanken anderer Personen zu lesen, verlorene Dinge wiederzufinden oder präzise Vorhersage treffen zu können. Sofort hatte ich meine magische Heimat gefunden. Fortan recherchierte, studierte und übte ich nach alten Dokumenten, wurde Mitglied eines elitären, internationalen Zirkels von Mentalisten und feilte an meinem Können. Jahrelang zog ich durch die Fußgängerzonen, Bars und Diskotheken, um mit Hunderten von Menschen an meinem Feinschliff zu arbeiten. Mit Erfolg!

Es folgten Auftritte vor Tausenden von Menschen, die Medien interessierten sich für mich und auch für Wirtschaftsunternehmen wurde er ein gefragter Referent und Trainer. Du siehst, nicht nur ich bin davon überzeugt, dass es möglich ist, „Effekte zu erschaffen, welche so echt wirken, als könnten sie real sein!"

Dass diese Kunst nicht nur einem elitären Kreis psychologisch geschulter Spezialisten vorbehalten bleiben muss, dafür habe ich nun mit meinem ersten Buch gesorgt. Wie sich Menschen lesen und beeinflussen

lassen, vor allem beim Flirten und Sich-Kennenlernen, habe ich versucht anschaulich zu demonstrieren. Es wird nicht mein letztes Buch gewesen sein. Ich hoffe, Du hattest viel Spaß beim lesen.

Wenn Du mehr wissen willst, Dich in die Kunst der Mentalmagie vertiefen, oder an Deinen Kommunikationsfähigkeiten, Deiner Wirkung auf andere oder an Deinem Charisma feilen willst, dann freue ich mich über Deine Kontaktaufnahme.

Web:	www.heiko-rieger.info
Mail:	info@ heiko-rieger.info
Fon:	(01575) 947 05 53
facebook:	facebook.com/HeikoRiegerMentalist